大学生のための
動画制作入門

言いたいことを
映像で表現する技術

黒岩亜純
KUROIWA Azumi

宮　徹
MIYA Tohru

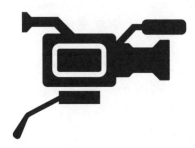

慶應義塾大学出版会

はじめに

▶コミュニケーションの変化は社会を変える

　コミュニケーション学の世界では、人間のコミュニケーションのあり方の変化が社会の変化と密接な関わりを持っていると考えられています。実際に、文字の出現、印刷技術の発達、映像メディアの登場などは人間社会を大きく変えてきました。
　そして、現代。
　1990年代半ばに始まったインターネットの普及は人間社会を大きく変え、さらにこの変革は現在も進行していると言っていいでしょう。
　インターネットの登場は当初、情報の流れ方が大きく変わったという意味で流通革命的な色彩が強かったと思います。変化の対象がもっぱら文字を対象としていたためです。
　個人的なコミュニケーションについては、これまで手紙をポストに投函すると、郵便局が数日間かけて相手先まで届けてくれていましたが、電子メールの登場で、地球の裏側でもあっという間にメッセージを届けてくれます。それだけ地球が小さく感じられるようになりました。
　また、新聞や雑誌から一方的に発信されていたマス・コミュニケーション情報は、インターネットを経由することで、誰もが発信者になれるようになりました。
　また、「検索」という新たな情報選択概念の登場も、流通革命の一端と言えるでしょう。
　ただし、とくに文章に限って、情報の「作り手」という側面に着目すれば、大きな変化はなかったと言えます。
　文章表現のプロと言える新聞記者や作家以外の方でも、日常の暮

らしの中で文章を書く機会は、昔からありました。

学生は論文を書き、社会人はプレゼンテーション用の資料を作成し、あるいは仕事を離れれば、日記や手紙を書いたり、俳句を詠んだりと、誰もが普通に文章を書いていました。

また、文章を書いて自分の意思を伝える教育もしっかり行われてきました。

日本人で生涯一度も作文の授業を受けたことがないという人は皆無でしょう。小学校から高校、大学まで、それぞれの段階で作文や論文の書き方を学ぶ場があったはずです。

▶スマホの登場で映像の"作り手革命"が始まった

ただ、最近では変革の対象が映像へと移ってきたことから、流通革命の部分はもちろん、作り手革命とも言うべき大きな変革期に入ったと言えます。

2010年代に入り、"スマートフォンという名のビデオカメラ"（ビデオカメラ付きスマートフォン、以下スマホ）が普及し始めました。

このことにより、映像の作り手のすそ野が飛躍的に拡大することとなり、文章表現にはなかった大きな変革（＝作り手革命）が起きています。

これまで映像については、基本的に、テレビ局や映画関係者といった映像制作のプロだけが作るものでした。一般の世界では、8ミリビデオというものがありましたが、編集はアナログでやらねばならず（現実にフィルムを切ったり、貼ったりの世界です）、あくまでマニアの世界といった感がありました。

90年代以降、ビデオカメラの家庭への普及や編集作業がパソコン上でできるようになったことで、徐々に一般の世界でも映像制作が行われるようになってきましたが、それでも撮影という行為は特別で、運動会や学芸会など、「わざわざその日のために準備して、重たい物（ビデオカメラ）を持って行く」ものでした。

しかし、スマホの急速な普及はそれとは全く次元の異なる規模で、作り手のすそ野を飛躍的に広げることになりました。ビデオカメラを、これだけ多くの人が、しかも、日常生活の中で常に携帯して歩くようになる、ということは、少し前まで想像もできなかったことです。「誰でも、どこでも、思いついたら即撮影」という時代の到来です。

と同時に、YouTubeなどの動画共有サイトが登場、一般の方が広く自分の映像作品を見てもらう環境が整ってきたことで、制作意欲が高まってきたということもあるでしょう。

▶急速な変化に教育が追いついていない

しかし、この急速なコミュニケーションのあり方の変化に、現状、教育の現場が対応しているかと言えば、残念ながら、否定的な見方をせざるを得ません。

前に述べたように、日本人なら、作文の授業を受けたことがないという人はいないはずです。

しかし、映像制作について、きちんと体系だってその手法を学んだという人は、まだ、ほとんどいないでしょう。

本書の制作では、慶應義塾大学法学部政治学科の大石裕研究室（マス・コミュニケーション論、政治社会学）に所属する学生の皆さんに、テキスト内の模擬演習へ参加してもらっています。（加えて、原稿を事前に読んで、素朴かつ有益な疑問点を多数指摘してもらったことで、一般の学生の皆さんから見ても、よりわかりやすい教科書にすることができたと思っています）

そんな現役の学生さんたちに聞いても、1日体験学習的に撮影実習する機会があったという人はいても、体系的に映像制作について学んだ、という人はいませんでした。

実際に現状、動画共有サイトに投稿されている映像の多くは、「たまたまこんなの撮れちゃいました」といったもので、自分がいいた

いメッセージを映像に乗せて伝えるというレベルにはないように思います。

しかし、どうでしょう。

これからの時代、義務教育とは言いませんが、せめて高校や大学といった高等教育の現場では、「初級映像制作演習」といった講座が必ずあって、希望すれば映像制作の基礎について誰もが学ぶことができ、自分がいいたいことを映像で伝えられるようにならなければいけないのではないでしょうか。

そうした素養を持った皆さんが、様々な専門分野に進み、それぞれの世界で映像を使ったコミュニケーションを採り入れていけば、きっと社会は新しい局面を迎えるのだと思います。

▶現場で生まれ、実際に作ることを意識したテキスト

本書はこのような考えから企画され、大学における学部教養課程の講座を意識して作られています。

Part 1 でまず、テレビの制作工程を俯瞰した上でその特徴を把握、一般の方向けの制作工程を提示し、以降の章で工程ごとのポイントを解説するようにしています。

そもそものきっかけは、今から 10 年以上前、それぞれ映像制作を伴う NPO 活動をしていた黒岩亜純と宮徹が出会い、一般向けの映像制作テキストの必要性について意気投合したことに始まります。

当時、それぞれの団体には「映像制作をやりたい」という意欲ある学生さんたちがたくさん集まってきて活動していたのですが（その卒業生たちの多くが、今や映像の世界の第一線で活躍しています）、「何の知識もない人間に、その都度、一から口頭で教えていたのでは、手間ばかりかかる上に、広がりに限界がある」との考えから、テキストを作ろうということになりました。

以後、それぞれの仕事の合間を見ながらミーティングを重ね、時間をかけて、少しずつまとめたものです。

こうした経緯がありますので、本書は基本的に、映像制作の初心者を対象に、学びながら実際に映像作品を制作することを想定した内容になっています。

　とくに、テレビの世界（TBS）でディレクターとして長年仕事をしてきた黒岩の経験をもとに、文章表現の世界で長年仕事をしてきた宮が疑問点を聞いて、時に議論しながら、文字に落とし込んでいく形でまとめました。

　この過程では、TBSの報道局で培われてきたノウハウをベースにしながらも、NHKや他の民放各局の手法もヒアリングし、特定局に偏らず、できるだけ普遍的な内容とするよう心がけました。

　また、こうした異なるバックボーンを持ったふたりの合作であるだけに、本文中では、時に映像表現と文章表現を比較しながら説明されているような部分が表れるのが特徴と言えるでしょう。

　テキストの原本については、かなり前に完成していたのですが、ふたりの母校である慶應義塾大学の出版会の編集者である奥田詠二氏と出会ったことから具体的な出版の話が動き始め、大学でマス・コミュニケーション論を教える大石裕教授のご理解やご支援もあって、今回、ようやく日の目を見た次第です。

　こうした出会いはすべて偶然のものですが、ある意味、社会が要求した必然の出会いとも言えるでしょう。それだけ機が熟してきたのだと思います。

　映像表現についての教育、あるいはテキストづくりはまだ緒に就いたばかりと言えるでしょう。本書もまだまだ改良の余地が多いかと存じますが、今後の発展に向けたたたき台になればと願っています。

　　　　　　　　　　　　　　　　　　　　　　2017年春
　　　　　　　　　　　　　　　　　　　　　　黒岩亜純、宮 徹

大学生のための動画制作入門　目次

はじめに　　　　　　　　　　　　　　　　　　　002

Part 1　映像はどのように作られているか
── 制作工程とその仕組み　　　　　　　　　　011

1 | ディレクターの役割と機能　　　　　　　　　012
2 | 映像における制作工程とその特徴　　　　　　017
3 | 原則を踏まえた上での
　　「アマチュア向け映像制作工程モデル」　　　024

Part 2　企画のたて方
── 誰に、何を、どのように　　　　　　　　　031

1 | 考え方の基本　　　　　　　　　　　　　　　032
2 | 企画書を書いてみる　　　　　　　　　　　　037
3 | 企画の実際 ── ケーススタディ　　　　　　040

Part 3 事前取材とロケハン
—— 撮影に入る前にやっておくこと　049

1 ｜ アプローチの注意点　050
2 ｜ 事前取材とロケハン　052
3 ｜ インタビューの方法　058

Part 4 粗構成の考え方
—— 作品の基本線はここで決まる　063

1 ｜ 構成を決める要素　064
2 ｜ 身近な素材から
　　具体的に粗構成を考えてみよう　071

Part 5 伝えたいことから考える撮影
—— 演出面から見た手法　079

1 ｜ カメラワークの基本　080
2 ｜ 制作意図から考えるカメラの位置　091
3 ｜ 構図の取り方の実際　097
4 ｜ 自然光を味方にする／音の録り方　101

Part 6 本構成を考える
―― 作品の詳細設計図を作る　　107

　1 ｜ 本構成に入る前の作業　　108
　2 ｜ 本構成の実際　　112
　3 ｜ ナレーションを考える　　120

Part 7 編集の技法
―― 最後に絵的思考で再検討する　　127

　1 ｜ 編集作業の準備　　128
　2 ｜ つなぐ手法 ―― トランジション　　133
　3 ｜ スーパーとMA　　141

　　課題例　1　世相を表した漢字をテーマに、
　　　　　　　企画を考えてみよう　　047
　　　　　2　演繹法と帰納法、
　　　　　　　2パターンの粗構成を考えてみよう　　078
　　　　　3　具体的なケース（番組）をもとに
　　　　　　　皆でディスカッションしてみよう！　　126

用語集　　149

執筆者紹介　　158

Part 1
映像はどのように作られているか
―― 制作工程とその仕組み ――

ここではまず、テレビ局における映像制作の流れ全般を見た上でその特徴を学び、アマチュア向けの制作工程のあり方を考えます。

1 ディレクターの役割と機能

▶ディレクターは制作の要

　映像制作では、映像はもちろんのこと、音楽やナレーション、さらにスタジオ収録があれば、美術、カメラや照明といった技術など、多くの要素が必要になります。

　これらすべてをディレクターひとりで担うことは不可能です。現実には、カメラマン、音声、照明、美術、アナウンサー、編集マンなど数多くの専門スタッフが係わって番組は作られています（表1-1参照）。

　当然、良い番組を作るには彼ら専門スタッフとの意思疎通は欠かせません。

　テレビ局は製造業ではありませんが、制作現場は常に工場のような雰囲気を持っています。

　皆さんも1度は工場見学に行ったことがあるでしょうからわかると思いますが、工場では部品がベルトコンベアに乗りながら、少しずつ組み立てられ、最終製品になっていきます。

　これと同様、テレビ局でも"目に見えないベルトコンベア"のような一本のラインが通っているのです。

　こうしたラインの存在を、同じ番組の制作に携わるスタッフ全員が共通認識として持っていなければ、どの段階で自分が何をやらなければならないか、把握できません。

　このラインが制作工程であり、ここがしっかりしていないと、作品を安定的に生み出すことはできません。

　そしてこの"目に見えないベルトコンベア"の推進役こそがプロデューサーやディレクターで、制作工程管理に責任を持っているのです。

表1-1 テレビ番組制作には多くのスタッフが携わる
制作スタッフの職種と主な仕事内容(報道系番組の場合)

職種名	仕事の内容
プロデューサー	制作マネジメントの統括責任者
演出／放送作家	番組のトータルデザインから、見せ方の工夫やシナリオを考える(ただし報道番組にはいない場合が多い)
ナレーター	画面には出ず、ニュース原稿を読むなどナレーションを担当する
編集長／デスク チーフディレクター	プロデューサーの示す基本方針に基づいて制作実務を統括する責任者 ニュース番組では編集長／デスク、特別番組や情報・制作系の番組ではチーフディレクターということが多い
ディレクター／記者	企画／制作の実務を行う。制作工程の管理に責任を持ち、スタッフに指示を出す
アシスタントプロデューサー(AP)	プロデューサーを補佐する
アシスタントディレクター(AD)	ディレクターを補佐する
取材カメラマン	ディレクターとともに取材に同行、撮影を行う
音声／照明	ディレクターとともに取材に同行、取材カメラマンとともに撮影を行う
編集マン	編集機材の扱いに長け、編集的な面からディレクターに助言、編集作業を行う
CG	番組内で使うコンピューターグラフィックス(CG)を制作する
音効	番組内で使う効果音や音楽をセレクトあるいは制作する
ミキサー	番組内で使われる音のバランスを調整する スタジオ収録時は、誰のマイクの音を拾うかなど切り替えを行う

収録・送出	［収録］国内外から電送されてきた映像を編集用に収録 ［送出］編集された完パケ映像を受け取り、放送されるまでの技術的な手配をする。生放送時は、事前に作成されたＶＴＲ部分が放送されるよう技術的な作業を行う
キャスター・出演者 ※	画面に出て、ニュースを読んだり、コメントを述べたりする
テクニカルマネージャー（TM）※	技術部門のプロデューサー的役割
テクニカルディレクター（TD）※	カメラマンや音声などスタジオ収録時の技術系職種を統括、指示する
ビデオエンジニア（VE）※	カメラの色味・映像信号等の調整・管理者
フロアディレクター（FD）※	スタジオの進行を指揮するディレクター
タイムキーパー（TK）※	番組の時間的な進行管理を行う
スタジオカメラマン ※	スタジオ収録時の撮影を担当する
スタジオ音声 ※	スタジオ収録時の音声を担当する
スタジオ照明 ※	スタジオ収録時の効果的な照明のあり方の検討、据え付けを行う
美術 ※	スタジオのセットから小物まで収録に必要な造作物の制作に当たる 広義の意味では衣装やメイクの担当も

※スタジオ収録がある場合

写真1-1

画面上には映らなくとも、番組には多くのスタッフが係わっている

> **Q プロデューサーとディレクターとの役割の違いがいまひとつわかりません**

　プロデューサーとは一般的には、ディレクターの上に立つ存在で、番組制作全般の方向性に対して影響力を持つものの、通常、細かな制作業務にはタッチしません。

　また、プロデューサーやディレクターは、テレビ局の社員が務める場合もあれば、番組の内容に応じて外部のプロダクションの担当者が手がけることもあります。

　番組はただ作ればいいというものではなく、どのようにして制作費（予算）を捻出するか、どこでいつ放送していくかといった放送枠の確保などを考え、編成など社内の各部署と交渉、外部のプロデューサーであれば、局側とプロデュース契約を結びます。外部スタッフの確保や人件費管理も必要です。

　このような番組制作におけるビジネス上、あるいは組織管理的な側面までを含めた全体の責任者がプロデューサーです。

　一方のディレクターは、プロデューサーの意向を受けて、第一線で実際の番組制作に当たる人たちで、現場の専門スタッフをひとつにまとめ、まさに"目に見えないベルトコンベア"を推進していく存在です。

▶ディレクターが担う3つの管理責任

　制作ラインを動かしていく中で、ディレクターが担う工程管理の責任としては、次の3つがあげられます。

　まず、品質管理に関する責任。自ら企画して取材することはもちろん、多人数でより良き作品を作るため、打ち出す方向性を明確にし、スタッフとの間で制作意図を共有する必要があります。

　テレビ番組の制作には非常に多くの専門スタッフが携わるため、

制作意図の共有が非常に大切になります。自分だけがわかっていればいいというのではなく、集団としての品質管理を意識しなくてはなりません。

　時に取材の過程では臨機応変な対応も望まれますが、その際の方針転換を決めるのもディレクターの役割です。

　ふたつ目の側面としてあげられるのが、スケジュール管理です。テレビ番組は放映日時が決まっているので、それに間に合うよう進行を考える必要があります。出演者やスタイリスト、カメラマンなどの日程を確保して、特定の日時に集めたりすることもこれに含まれます。

　通常はこのふたつの管理責任を負うことになりますが、最近になってより強く意識されるようになったのが、予算管理です。

　番組全体の予算はプロデューサーがみていますが、ディレクター一人一人も自らが担当する部分の経費については責任を負っています。自分が担当する範囲内において、決められた予算内でスタッフを手配し、出張中の経費管理や必要な資材の購入などを行うのです。

写真1-2

試写をチェックするのもディレクターの大事な仕事

> ### この節のPoint
>
> ★ ディレクターは
>   "目に見えないベルトコンベア"の推進役
> - 制作現場にはスタッフ全員で共有する制作の流れ（＝制作工程）がある
> - ディレクターは制作の方向性を決め、スタッフと制作意図を共有、制作工程を管理する
>
> ★ ディレクターが担う3つの工程管理責任
> ① **品質管理** ── 企画／取材はもちろん、スタッフに制作意図を伝え、適切な指示を出す
> ② **スケジュール管理** ── 放送日時に向けて間に合うよう進行管理をする
> ③ **予算管理** ── 自分が担当する範囲内において、経費を予算内に抑える

2 映像における制作工程とその特徴

▶ 活字メディアづくりにはない工夫
──「構成表」と「ラッシュ表」

次にドキュメンタリー番組の制作工程を見ながら、映像における制作工程の特徴を考えていきましょう。

表1-2を見てください。ドキュメンタリー番組の標準的な制作工程です。

表 1-2　ドキュメンタリー番組（スタジオ収録なし）の標準的な制作工程

① 下調べ

- 日頃の取材活動で構築した人脈や、新聞のスクラップ、書籍、インターネットなどからの情報により企画を検討。タイムリー性や独自性を意識しつつ、企画書にまとめる。内容のみならず、大型番組では予算面も検討

② 企画会議

- 週1の定時番組の場合、複数のディレクターがつき、週1回程度のペースで企画会議が行われ、各回の担当ディレクターと内容が決まる。デイリーの番組では、プロデューサーや編集長、デスクなどの判断で随時、企画が決まることもある
- 内容のみならず、予算も確定

③ 本制作開始（取材・ロケハン）

- ディレクターは企画会議でゴーサインが出ると、番組制作を開始。本取材に入るとともに、取材の計画、出演者の選定や放映までのスケジュールを立てる
- この段階の取材はカメラマンを伴わないことが多い。ディレクターだけでまず事実関係の把握に努める
- 撮影場所の下見（＝ロケハン）もこの段階で行う。カメラクルーを同伴することもある

④（粗）構成表作成

- 取材・ロケハンの結果をもとに、番組の基本設計図となる、番組の流れを記した「構成表」を作成する
- この段階ではまだおおまかで、「取材（撮影）計画書」的な色彩が強い

⑤ 責任者との打ち合わせ

- 粗構成表ができた段階で、プロデューサーや編集長、担当デスクといった責任者と打ち合わせを行い、全体の流れや今後の追加取材先、出演者などを確認、取材（撮影）計画を詰める

⑥ 撮影（ロケ）

- 粗構成表をもとにカメラクルーに企画意図を説明、撮影に入る。ただし、状況により、構成を柔軟に修正する
- スケジュールや移動手段、食事の手配など撮影の段取りを立て、実行
- できるだけ早めに試写をチェック、必要であれば再ロケへ

⑦ ラッシュ（プレビュー）

- 撮影した映像素材の一覧表を作り、使える素材を選定する
- ここから広義の意味での編集作業となる
- 長期ロケの場合、数十時間もの映像になり、まとめて見ると、これだけで数日かかる

⑧ （本）構成確定

- ラッシュの結果をもとに構成表をより現実的なものに修正、確定させる
- 最初に作成した「取材（撮影）計画書」的なものから、番組の「詳細設計図」的なものに細かく書き換える

⑨ 編集作業

- 編集マンに構成表を示しつつ、編集を行う。ひとりで編集することも
- 映像に合わせ、ナレーションやテロップ原稿などを作成する
- 上司のチェックが適宜入り、構成変更や追加撮影も行われる

⑩ テロップ入れ・MA

- 再編集された番組にテロップや音楽を入れる
- 音を入れる作業は、MA(Multi Audio) と呼ばれ、音楽、効果音、ナレーションなど様々な音を重ねる

⑪ 試写

- 完成した番組を責任者とともに試写でチェック。最終的な放送許可を得る。大型番組の場合、部長などが立ち合うこともある

⑫ 放送（OA）

- 番組が放送される

だいたいは表を見てもらえれば理解してもらえると思いますが、アマチュアからすると「構成表作成」と「ラッシュ」が聞き慣れない、何をするのかわかりにくい部分なのではないでしょうか。

一般の方でも、学級新聞などちょっとした活字メディア作りに携わった経験がある方は少なくないでしょう。

それと基本はあまり変わらないのですが、活字メディア作りにはない、映像制作ならではの工程がこの「構成表作成」と「ラッシュ」であり、極めて重要な意味を持っています。

ここではとくに、制作工程全般と密接に結びついている構成表について説明し、ラッシュについては後の章で触れることとします。

▶構成表は番組の設計図

構成表は番組の流れを決定づけるほど重要な仕組みで、番組の流れと必要な映像素材を記したものです。具体的には、縦軸を時間軸として、項目／映像、内容、備考の3項目を横軸に記載します（表1-3参照）。

構成表は、カメラを伴わない事前の取材がある程度進んだ段階と、取材・撮影を終えて編集に入る前の2段階で主に作成します。どちらも構成表なのですが、本書では、説明の便宜上、最初の段階で作られるものを「粗構成」、後ろの段階で作られるものを「本構成」として、区別することとします（実際のテレビ制作の現場では、とくにふたつには分けず、取材を進めるたびに少しずつ内容を変えていくことが多い）。

撮影を伴わない事前取材が終わった段階で作られる粗構成は、今後の「取材（撮影）計画書」的な色彩が強いのに対し、取材後に作られる本構成は、「編集計画書」的な色彩が強くなります。

言い換えると、粗構成は番組の基本設計図、本構成は番組の詳細設計図であるとも言えます。

Q 粗構成表は本当に作る必要があるんでしょうか、いきなりではダメですか？

　確かに、短いニュースの場合は、粗構成表を作らず、口頭で済ますこともあります。また、スタッフ数と時間との両面で制約が多い民放では、省略されることも少なくありません。
　しかし、チームでの作業が多い映像制作の場合、意思疎通の必要性から、できれば作った方がいいでしょう。時間がなければ、箇条書き程度のものでも大丈夫です。
　先に触れたように、ディレクターは制作ラインの要、ベルトコンベアの推進役です。チームがバラバラではいい番組は作れません。チームで制作意図を共有していくための仕組みと考えれば、粗構成表は便利なものです。
　また、アマチュアの場合は、プロの世界とは別の意味で粗構成表があった方が良いと言えます。
　アマチュアでは、ひとりで撮影から編集までやってしまうということもあるでしょう。その場合、誰かと意思疎通が必要ということはありません。
　ただ、映像制作に不慣れな人だと、どこでどのような映像が必要になるのか、現場でのとっさの判断で的確な撮影をしていくというのは至難の業です。
　たとえば、運動会の様子を映像作品にするといった際は、選手たちのコメントなどその場でしか撮れない映像がたくさんあります。後から「しまった！」ということのないように、事前に撮影計画を立てておいた方がいいでしょう。
　こう考えれば、ひとりで制作する場合でも、「事前に自分の頭を整理した上で、撮影にのぞむ」という意味から、粗構成表を作ることをおすすめします。

構成表には、粗構成であればそれまでの取材やロケハンで得た情報から、番組の流れを考えながら、どこでどのような撮影やコメントが必要になるのかをまとめます。

　これにより、ディレクター自身が番組をどう作っていくか、事前に頭の整理をするばかりでなく、どこでどのような映像やコメントが必要になるのか、スタッフ間で制作の意図と流れを共有します。

　テレビでは、通常、カメラマンや音声／照明マン、時にリポーターを含めたひとつの集団（クルー）で撮影に当たります。

　この際、全員が制作意図と流れを事前に共有していなければ、いい仕事はできません。

　でなければ、カメラマンやリポーターはディレクターの制作意図がわからず、ありきたりな撮影やコメントしかできなくなり、編集の段階になって、あの映像もない、この映像もない、必要なネタ振り、コメントもないということになってしまいます。

　追加撮影ができればいいですが、式典などイベント性のある出来事の場合、「もう一度」はありません。まさに「あとの祭り」で、お手上げになってしまいます。

　一方、本構成であれば、具体的にどこにどの映像素材を使っていくのか、また、どのようなナレーションが必要になってくるのかなどを書き込んでいきます。

　そしてこれをもとに、実際の編集作業に備えることになります。

▶粗構成表の実際

　では、具体的に粗構成表について説明しましょう。

　「世界遺産に登録された施設（×××）で観光客が急増、ゴミ問題が起きている」といったリポートを作るとしましょう。粗構成表のイメージは別表（表1-3）の通りです。

　まず、全体をいくつかの大きな項目に分けた「項目／映像」が左側にきます。ここに、項目ごとに必要とされる映像素材を書きます。

表1-3 粗構成表のイメージ「世界遺産でのゴミ問題」

項目／映像		内容	備考
①オープニング	・×××の全景 ・内部の見せ所をフラッシュで ・内部および周辺のゴミ（箱）	街のシンボルとして市民に親しまれている×××。昨年、世界遺産にも登録され、国内外から注目されている しかし、訪れる人のマナーが問題に…… オープニングタイトルへ	ロケハン： 2月26日 ロケ： 3月3日
②×××の今	・数多くの観光客 ・リポーターによる印象、問題提起	日々、数多くの観光客が来場する×××。 リポーター 「（初見の印象をリポート。すごい！だけではない、プラスαの一言を）」 「このように数多くの観光客でにぎわう×××ですが、こんな問題も起こっているんです」とネタ振り	ロケハン： 2月26日 ロケ： 3月3日 ※施設内部のロケは×××広報の△△さん同行

　①オープニングの項目を見ると、施設内部および周辺でのゴミ（箱）の映像を使う、ということが記されており、カメラマンはこれを意識して、いわゆる「抜きの絵」（＝インサート映像）を撮ることになります。

　中央には「内容」を書きます。想定されるナレーションやリポーターのコメントを書いて、作品の流れがわかるようにするのです。

　表中、「②×××の今」によると、ここではリポーターが観光客と同じ目線で訪ねることになっており、初めての印象をリポーター自身の言葉で語り、その後、ゴミ問題へとリードしていくようになっています。

　リポーターはこれを見れば、「第一印象を言ってからゴミ問題へと振っていけばいいんだな」と自分の仕事がわかるでしょう。

　備考欄にはメモ代わりに使用、撮影スケジュールなどを記しておくと便利です。

> ### この節のPoint
>
> ★ **映像制作のキーポイント**
> **「構成表制作」と「ラッシュ」**
> ・「構成表」とは、番組の大まかな流れと必要な映像素材を記した表のこと
> ・「ラッシュ」とは、編集前の映像素材のチェックをする作業
>
> ★ **構成表は工程により意味合いが変わる**
> ・粗構成段階では「取材・撮影計画書」
> ・本構成段階では「編集計画書」

3 原則を踏まえた上での「アマチュア向け映像制作工程モデル」

▶アマチュアでも最低限必要な工程とは

 これまで見てきた制作工程はテレビ局のもので、参考にすることは重要ですが、アマチュアがこれと同じやり方で制作する必要は全くないでしょう。基本的には個々人に合ったスタイルでいいと思います。
 ただ、最低限必要な工程だけは忘れないよう気をつけたいところです。
 撮影や編集作業そのものは誰でも自然に行うでしょうが（この工程なくして作品はできない）、「構成表作成」（粗構成と本構成の2段階）、「ラッシュ」、「第三者による公開前チェック」の三点につい

ては、ともすれば気が付かない、あるいは忘れられがちな工程と言えます。

下の表1-4は、こうした点を踏まえて作成したアマチュア向けの動画制作工程モデルです。

ここでは、インターネット上で紹介する数分の動画を想定、テレビの工程を参考にしつつも、一部を省略・追加して工程表を作成しました。

表 1-4 アマチュア向け動画制作工程モデル

① 制作動機の確認
・自分が表現したい、他人に伝えたいと思うことを決める

② 構想／準備（下取材・ロケハン）
・取材、インタビュー先の選定や完成までのスケジュールを立てる ・場合によっては、本取材前に内容を確認する事前インタビューを行う ・撮影場所の下見（ロケハン）も、この段階で行う ・状況によっては、カメラを持っての撮影も。準備だけはしていく

③ 粗構成表の作成
・事前インタビューやロケハンの結果をもとに、作品の基本設計図となる、おおまかな流れを記した「粗構成」を作成する ・同行するクルーがいれば、これをもとに制作意図を共有しておく

④ 取材／撮影（ロケ）
・粗構成表をもとに全体の流れをイメージしながら取材／撮影を行う ・取材状況に応じて臨機応変に構成を修正する

⑤ ラッシュ
・すぐに試写して映像素材のチェック、必要であれば追加撮影へ ・撮影した映像素材の一覧表を作り、使える素材を選定する

⑥ 本構成表の作成

- 粗構成を見直し、充実させる形で、作品全体の流れを再度検討する
- 使いたい映像素材を選定、長さに応じてナレーションなどを考える
- 本人以外に制作スタッフがいる場合は、本構成表をコピーして配布、制作意図を共有する

⑦ 編集

- 映像を本構成表に基づいて、1本の作品に組み立てる
- 映像に合わせて、テロップなどを作成、合成する
- 音楽、効果音、ナレーションなど様々な音を重ねる

⑧ 試写

- 完成した作品をスタッフ、第三者に見せてチェック
- わかりにくかった点など意見を聞いて、修正する

⑨ 公開／UP

- 動画共有サイトなどにアップロードし、作品を公開する

では、表について、具体的に見ていきましょう。

まず、作品で伝えたいメッセージが決まったら、それをどのような流れで伝えていくのか、おおまかな全体の構成を考える「粗構成の作成」をします。

テレビでは、とくに長時間のドキュメンタリーを制作するに当たっては、事前の取材をもとにかっちりとした粗構成表を作ることが多いのですが（粗構成に縛られることを嫌って、あえて作らない人もいる）、一般の方の場合はそれほど長いものではないでしょう。

A4の紙一枚に収まる程度でいいので、こんな映像でこんなことを表現したいというおおまかな流れを記し（＝粗構成）、全体の構成をイメージしてみることです。そうすることで、どのような映像やコメントが必要か見えてきます。

逆に、これを考えていないと、編集段階になって必要な映像素材がないことに気づく、というハメになることはほぼ確実です。

取材／撮影後の「ラッシュ」の工程も不可欠で、地味ですが大切にしたい工程です。
　アマチュアの場合、映像素材はそれほどの量ではないと思われるので、ラッシュの工程は必要ないと思われるかもしれませんが、何らかのアクシデントでうまく撮れていない場合は追加撮影に行くか、代替素材を使うという判断をしなければなりません。編集前にイメージを膨らませるという意味でも欠かせない工程です。

　最後に、これはひとりで制作する場合、あくまでできればということなのですが、「試写」です。
　ここで重要なのは、作品を発表する前に第三者に批評してもらうステップを設ける、ということです。そのため、この段階でなくとも、編集などの前工程でそうしたステップが入っていればかまいません。
　テレビでは、構成表ができたり、編集を終えた段階でデスクなどの責任者が内容をチェックします。アマチュアの場合、必ずしも組織で作っているわけではないでしょうから、省略しても良いように思われるでしょうが、第三者にメッセージを伝えることを考えた場合、できればこの工程は入れておきたいところです。
　テレビ局におけるデスクとは、現場で取材するディレクターに対して、オフィスでデスクに座っている人で、若いディレクターを統括し、指示を出す機能を担っています。また、ディレクターの作成した構成表やナレーション原稿のチェックもします。
　この際、デスクにはふたつの視点が要求されます。
　ひとつは、先輩ディレクターとしての視点で、深い知識や経験から若いディレクターの足りない部分を補います。
　もうひとつが、第一の視聴者（その作品を目にする最初の視聴者）としての視点で、試写で見て不明な点をディレクターに確認し、予備知識が無くとも誰でもがわかるよう平易でわかりやすい内容にするというものです。
　取材に当たっているディレクターは、誰よりも状況を良く把握し

第三者による公開前チェックが必要とのことですが、この場合の第三者とは、具体的にどのような人ですか？

　親身になって、本音をズバズバ言ってくれるような人がいいですね。映像制作の専門的な知識がなくても、「一番最初の視聴者」として、率直な感想を言ってくれる人ということです。

　ここで、「この部分の話がわからない」ということであれば、もう少し説明を加えようということになりますし、「そこまで説明しなくてもわかるんじゃないか」ということであれば、その部分は少し簡略化しようということになります。

　具体的には、学校の授業であれば、やはり先生でしょうし、サークル活動であれば、顧問の先生か先輩が適していると思います。

　家庭であれば、（学生であれば）まず両親となるでしょうし、ある程度の年齢ならお子さんでもいいと思います。

ているし、たいていは追っているテーマに関して熱い思いを抱いています。

　ただ、時としてそれが弊害となることがあります。

　これくらいは知っているだろうとの思い込みから必要な前提情報が欠けていて、第三者が見た場合、よく理解できなかったり、一方的な見方だったりすることが結構あるのです。そこで、第三者の冷静な視点が必要となります。

　その意味で、一般の方の世界でも、第三者による公開前チェックの工程を入れた方がいいのではないかと思います。

▶技の世界は"守破離"

　芸術や茶道、武道など師弟間における技の伝承が必要とされる世

界では、昔から"守破離(しゅはり)"の考え方が大切にされてきました。

　守破離とは、まず師匠のいう通りのことをして基礎を作った上で（守）、ある程度、経験を積んだ段階では少しずつ自分なりのアレンジを加えていき（破）、それがさらに深化すると全く独自の世界に達する（離）、といった考え方です。

　今回、まずテレビ局での映像制作の手法を紹介し、そこから一般向けの制作工程モデルを示しましたが、もちろんこの通りに制作し続ける必要はありません。

　ただ、テレビ局の制作工程は、実際に長年、映像制作を行ってきた中から生まれてきたもので、それなりの意味を持っていることは確かです。

　ですので、まずはそれをまねる形からはじめ、ある程度慣れてきたら自分なりにやりやすい形に変えていけばいいと思います。

　そして最終的には、制作手法まで含めて自分流に深化させて、今のテレビにはマネのできないような斬新な作品を作られることを期待しています。

この節のPoint

★アマチュア向けの制作工程とは？

・原則自由だが、最低限、必要な工程を忘れない。「構成表作成」「ラッシュ」「第三者による事前チェック」を意識して入れよう

★技の世界は"守破離"

・最初は原則から入り、経験を積んで慣れてきたら、自分がやりやすいように制作工程を見直せばよい

Part 2

企画のたて方
―― 誰に、何を、どのように ――

映像制作は企画をたてることに始まります。企画とはそもそもどのように考えていけばいいのか？ 誰に、何を、どのように、伝えるのか考えてみましょう。

1 考え方の基本

▶はじまりは身近なところから

　映像制作とは、まず、企画を考えるところから始まります。

　テレビ局では、日々起きるニュースに関しては即座に判断して放送していきますが、特集などの企画性が重視されるコーナーでは企画書が作られ、会議の場で議論されて放送するかどうかが決まります。

　その際、重視されるのは、タイムリー性や社会的ニーズです。

　仕事ですから、ご覧いただく視聴者を起点として考えることになります。「今なぜ取り上げるのか」「社会的なニーズはあるのか」が問われ、「視聴率が取れるのか」とともに「視聴者に伝えるべきかどうか」で取り上げるかどうかが判断されます。

　ディレクター個人の好みは確かにあるのですが、個人的にやりたいかどうかだけで企画が通るわけではありません。

　国会での論戦は日々のニュースに取り上げられる定番ですが、一部のスター性のある政治家の言動は別にして、通常、それほど視聴率は取れません。それでも、「国民に伝えるべき」という「べき」論も考慮してニュースとして放送しています。

　しかし、皆さんの場合、自分が社会に発信したいかどうかという個人的な動機を起点に考えていいでしょう。

　通り一遍な主張よりも、身近で起きた出来事に対する「言いたい」「伝えたい」あるいは「知りたい」という自己の内面の欲求から生まれた自分起点の企画を考える方が、テレビには真似のできないものとなり、結果として、テレビをもしのぐ作品となる可能性があります。

　2001年に公開された映画「home」は、当時、学生だった小林貴

裕監督によるものです。ひきこもりである自分の兄を中心とした家族のドキュメンタリー映画で、これなどまさに最も身近な存在である家族から発想した企画です。

▶アマチュアならではの強みを活かす

　企画を考える上では、アマチュアならではの強みを意識して考えてみるのもいいでしょう。

　その強みとは、立場や時間などに関する制約のなさです。

　前章で見たテレビ局のケースは、かなり大きな集団での制作が前提となっています。それはそれで高い品質を担保した番組制作ができますが、一方で、多くの人手を経る分、どうしても内容が一般化してしまいがちです。個人の趣味趣向が強く出た、とんがった番組制作はしづらいという欠点があるのです。

　そもそもテレビの世界には「放送法」があって、公共の電波を預かっている、という意識があります。

　そのためか、論説記事のある新聞とは違い、個人的な意見を、局全体の代表意見として打ち出すことは、めったにありません。

　スタジオにいるゲストコメンテーターなどは個人的な意見を述べていますが、局側が作る映像では公正中立が重んじられ、特定の意見だけが盛り込まれないようバランスをとることが心がけられています。

　90年代から2000年代にかけて全国のTBS系列局で放送されていたニュース番組『筑紫哲也NEWS23』では、「多事争論」というコーナーを設け、筑紫哲也キャスターが90秒で自分の意見を強く打ち出すようにしていました。

　キャスターが自分の意見を強く打ち出すような伝え方は最近でこそかなり見られるようになりましたが、これなど導入当初は新鮮でした。ただ、局全体の意見ではなく、ひとつの番組の意見として打ち出し、筑紫さんも、「こういう意見もありますが」と様々な意見

を紹介するようにはしていました。

　アマチュアの世界では、もともとこのような公正中立に関する制約はありません。いい意味で、自分の主張を強く打ち出すようにするとおもしろいでしょう。

　また、あえて取材対象と完全に同調し、一緒になって泣いたり、笑ったり、目線を合わせた作り方もするのもひとつのやり方です。

　主張だけではなく、独自の視点を打ち出すことも個性につながります。

　独自の視点と言われても、一般の方はピンとこないかもしれませんが、ちょっとした、"気づき"次第と言える部分です。

　たとえば、ブログの世界では、有名人のものは別にして、一般の作者（ブロガー）の中で多くのファンを引きつけているものには必ずといっていいほど、独自の視点が出ています。

　ブログは日々の暮らしの中で感じたことを書きつづっている場合が多いですが、一般人の日常をただダラダラと書かれても、読む側としてはあまりおもしろいものではありません。

　しかし、そこに特定の視点が加わるとそうではなくなります。

　その好例が、ブログから火がつき、その後、ベストセラー本やテレビドラマにまでなった「実録鬼嫁日記」です。

　ここでは、鬼嫁から虐（しいた）げられる夫の日常がそこはかとない笑いと涙でつづられています。これなど「鬼嫁から虐（しいた）げられる夫の視点」というのがユニークで、ファンを引きつけたと言えるでしょう。

　ちょっとした書きぶりの差なのですが、このように自分なりの視点を意識しながら書くことで、出来上がりは全く異なってきます。映像制作においても、同じことが言えます。

　もうひとつ、アマチュアであることの優位性が、締め切りにとらわれることがない、時間的な制約のなさ、です。

　テレビの世界では必ず放送日時があります。作業上、効率性も求められます。締め切りまでの間に手際よく仕上げなければなりませ

> **Q** 強みはわかりましたが、逆にアマチュアならではの弱みというか、気をつけたい点もあると思うのですが……。

　観る人のことをあまり考えないで作ってしまい、結果として何を伝えたいのかわからない作品になってしまう場合が多いので、そこは気をつけて欲しいです。

　テレビ局では、企画から取材、撮影、編集の各工程で、自分が伝えたいメッセージをどう伝えていくか、常に視聴者を念頭に置きながら、制作に当たっています。

　そのための工夫も各工程で随所に盛り込まれています。

　企画の段階では、視聴者の興味を引き付けるような企画内容かどうか、タイトルの付け方はどうかなどに気をつけます。

　また、取材では伝えたいメッセージを意識した質問をし、その内容に沿った映像を撮ります。編集ではそうやって集めてきた部材を効果的に並べ、こういう話をしてもわかりにくいかなと思えば説明を加え、強調したい部分についてはスーパー（字幕）を入れたりします。

　こうした細かな工夫が積み重なって、視聴者にメッセージが伝わっていくことになります。

　このあたりを意識していないと、なんとなくきれいな映像がつながっているだけの意味のわからない作品になってしまいます。

　逆に、現在のテレビ業界では、過度に視聴率が意識されるあまり、視聴者を意識するというレベルを超えて、視聴者にこびるような番組が増えていることも確かです。

　ですから、アマチュアの皆さんには、いい意味で適度に視聴者を意識した作品作りを心がけて欲しいと思います。

ん。また、特定のテーマだけに多くの時間を費やすこともなかなかできません。

　一方、アマチュアの場合は自分さえよければ、いくらでも時間をかけることができます。地元のお祭りを準備段階から1年かけて取材する、といったことも不可能ではないでしょう。近くの公園の四季の移ろいをこまめに撮ることもできます。

　こうしたアマチュアならではの強みを活かさない手はありません。

この節のPoint

★企画は身近なところから考える

- テレビ局は、視聴率、タイムリー性、社会的ニーズなど視聴者を起点に企画を考える
- アマチュアは、自分が言いたい、伝えたい、と思ったこと、身近な出来事からの企画でよい

★アマチュアならではの強みを活かす

- 公正中立を重んじるテレビではなかなか出せない、独自の視点を打ち出す
- あえて取材対象に同調し、同じ目線から作るのもひとつのやり方
- 締め切りにとらわれず、じっくりと手間暇かけて制作できる

2　企画書を書いてみる

▶伝える対象を意識する

　自分が言いたいこと、伝えたいことが見えてきたら、次は具体的な内容や構成、言い換えると、見せ方を考えることになりますが、見せるべき対象が多種多様アマチュアの場合、誰に伝えたいのかをまず意識してみるといいでしょう。

　たとえば、おじいさんのお葬式に出て、それを映像作品にしたい、と考えたとしましょう。

　ただ、ここまでは決まりとしても、それを誰に見せるかで見せ方は全く違ってきます。

　実際に葬式に出た親族を対象とするなら、基本的な情報は制作者と視聴者（この場合は親族）の間で共有されているはずなので、登場人物の紹介など基本的な説明は必要ないでしょう。おじいさんの生前のエピソードをできるだけ多くの親族に聞いてまとめる、といったことが考えられます。

　しかし、おじいさんのお葬式を素材として日本の文化を外国人に伝えたい、となると、見せ方は全く違ってきます。

　ナレーションやスーパーを英語にするといった言語の問題ばかりでなく、日本人からすれば当たり前である日本古来のしきたりや作法から事細かく説明する必要があります。

　これは極端な例ですが、若者か高齢者かといった年齢、都会に住んでいる人か地方に住んでいる人かといった居住地域、公務員、農家、サラリーマンといった職業、など誰を対象とするかで伝え方は微妙に違ってくるので、気をつけたいところです。

　逆に、特定のターゲットに絞らないというのであれば、それはそれですべての人が理解できるだけの伝え方を考える必要があります。

▶企画書の3要素——タイトル、企画意図、内容

このあたりまで意識したところで、企画書にまとめてみましょう。

企画書はもともと、組織の中で制作している場合に皆の承認を得るために必要とされるものですが、仮にひとりで制作している場合でも、この段階で一度紙にまとめてみると、頭の整理になります。

企画書の様式に規定はもちろんありませんが、ある程度の共通項はあります。それが以下の3項目です。

まず重要なのが、**タイトル**。

テレビ局の企画会議では、タイトルだけを見て採否が決まることまであるほどです。その際は、明確、簡潔、インパクトの有無がポイントとなります。

企画の段階からしゃれたタイトルが決まればいいですが、なかなかそう簡単ではありません。それにしても、言いたいことを明確に表すタイトルを付けましょう。少々固くても、この段階では末尾に（仮）と付けておけばいいでしょう。

たとえば、『筑紫哲也NEWS23』では例年、年末になると、その年の世相を反映した内容の特番を組んでいました。2006年には「変」をテーマに、部内はじめ全国のTBS系列各局からも企画を募り、最終的に放送されたのが、「子どもが壊れる」です。

もともと企画書が提出された段階のタイトルは「変——親殺し・子殺し」で、「ドキュメンタリー中心の番組展開で見せる」のが狙いになっていました。

この年は、秋田児童連続殺害事件が起きる一方、自宅に放火して親を殺すなどの事件も話題となり、「親子の間での異変」を感じざるを得ない一年でした。

ただ、取材を進めてみると、殺人の件数自体が目立って増えている訳ではなく、むしろ減少傾向にあることがわかりました。

私たちが感じていたのは、これまでは見られなかった親子間での

殺人が目立つようになった、ということだったのです。

そこから、親と子を並列に扱うよりも子どもの側に焦点を当てようということになり、最終的に「子どもが壊れる」へとタイトルを変えていきました。

このように取材が進んでいく過程で、タイトルが変わっていくことはそう珍しくはありません。そのため、企画時点のタイトルは、仮でいいので、言いたいことを明確に、ということになります。

ちなみに、本番のタイトルでは、メインにはおやっと思わせる意外性のあるものを持ってきて、サブタイトルで核心を突くような表現とすることが多いです。

次が**企画意図**。

企画の意義や狙いのことで、テレビ局では「今、なぜ取り上げるのか？」との問いに対する答えとなります。タイムリー性、あるいは社会的なニーズがどこにあるのかという点です。

ただ、先に述べたようにアマチュアの場合、自分が言いたいこと、伝えたいことが何かを明確に記せばいいでしょう。

最後が**内容**（取材方法や構成など）です。

企画意図を具体的に表現するに当たり、どのような事例をどのような方法で取材し、全体の流れを作るのかを書きます。その際、想定されるターゲットを意識しつつ、伝え方を考えましょう。

全体的には、企画書は簡潔である必要があります。テレビの世界では企画内容を営業や宣伝など部外の関係者に説明する必要があるため立派な企画書を作りますが、制作スタッフ内々であれば、シンプルでかまいません。

逆に、長々と説明しなければわかってもらえないような企画から、いい作品が生まれることはまずありません。長くてもA4の紙1枚に収まるよう簡潔に書きましょう。

> **この節のPoint**
>
> ★ **誰に伝えたいかで見せ方は変わる**
> ・伝えたい対象を考えて、そこに適した表現、見せ方を考えよう
>
> ★ **企画書を構成する3要素**
> ・タイトル、企画意図、内容（取材方法や構成など）を簡潔に記す

3 企画の実際 ── ケーススタディ

▶ゼミ、クラスの紹介作品を企画する ①

　続いて、学生の皆さんが実際に書いた企画書をみながら、具体的な企画を考える際のポイントについて考えていくことにしましょう。

　初心者の場合は、第三者を巻き込んで取材や撮影をする必要がない課題に取り組みながら、少しずつ経験を積んでいくのが望ましいと思います。その意味では、家族や学校、クラス、ゼミなどを対象とした制作課題から始めるのもひとつの方法です。

　ここでは、「ゼミの紹介作品を作る」という課題について、慶應義塾大学法学部大石裕研究室のゼミ生の皆さんに考えてもらいました。

　事前に皆さんで大石ゼミのイメージについて話し合ってもらったところでは、マスコミを研究対象とし、アナウンサーも多く輩出しているためか、学内から「派手なゼミ」と見られることが多いというのが、現在、ゼミで学ぶ皆さんの不満のようです。

3：企画の実際

表 2-1 学生によるゼミの紹介作品の企画書実例①

【企 画 提 案 書】　　作成日：2016年10月12日　　提案者：I. H.

◆ 番組名／コーナー名
　　ゼミ公式サイト
　　（学内外 PR、新人勧誘用）

◆ 放送日／公表日
　　2017年1月

◆ タイトル

◆ 企画意図

　　ゼミ受験生に向けた、大石ゼミの紹介

　　　ゼミらしさ：「華やか」だけど「真面目」
　　　　　　　　　先生優しい・和気あいあい

　　　想定するゼミ志望生像：晴れやかなゼミ生活を送りたいが、
　　　　　　　　　　　　　　真面目に勉強もしたい人

◆ 取材・内容・構成（何を、どのように）

　① 〈オープニング〉
　　　『華やかさ』：朝（秋〜冬）東門から入るゼミ生3人くらい
　　　　　　　　　（かっこいい慶應生イメージ）

　② 〈ゼミの様子〉
　　　『真面目さ』：教室でのカット

　③ 〈ゼミの繋がり・将来像〉
　　　『先生・和気あいあい』：先生を取り囲んで、和気あいあい
　　　『将来像』：ＯＢ会（ゼミＯＢのアナウンサーも）の様子
　　　　　　　　東門出て、東京タワーに向かって歩いていく

　実際には真面目な学生が多いので、そのあたりを訴えていきたい、という声が多くあがりました。こうした議論をもとに、実際に作ってもらったのがこの企画書です（表 2-1）。

この企画書をもとに、著者（黒岩）と学生との間でどのようなやりとりが行われたのか、見ていきましょう。

—— では、この企画書について説明してください
学生：大石ゼミ生をより具体的にイメージしてもらおうと思い、まずいくつかキーワードを考えました。それが、「華やか」「真面目」「現実的夢追い人」「大人志向」です。
　これらを具体化していこうということで、まず「華やか」なんですが、おしゃれなゼミ生（女の子）が、東門から学校に入っていく様子で華やかさを出します。東門を選んだのは、慶應らしさを出したかったので。（注：慶應大学の東門とは、赤レンガをモチーフとしており、慶應のイメージ映像としてよく使われる）
　次が「真面目」の部分で、これはゼミの様子。たとえば、教授の手元あたりの高さから撮影して、少し威厳ある感じを出せたらと思います。そして、教授の話を真剣に聞くゼミ生の様子。これで、「現実的夢追い人」や「大人志向」という自分が考えているゼミ生気質を出せたらと思いました。
　最後に、やっぱりゼミに入る際は将来を意識して選ぶと思うので、そこをイメージさせる映像ということで、千人ぐらい集まるゼミのOB会の様子。ここには今、テレビ局で活躍されているアナウンサー（ゼミOG）の方も意識的に入れたいと考えています。
—— これ、どれくらいの長さ（尺）を考えていますか？
学生：CMと言えば、だいたい15秒くらいですから、それくらいです。
—— 確かにテレビCMは15秒ですが、YouTubeで公開するとしたら、観ている人がそんなに飽きない程度ということでいいでしょう。
　実際にこの企画を15秒で収めるのは大変だと思います。最初にどれくらいの尺で作るのかをイメージして企画を考えていくと、より現実的になっていくでしょう。
　テレビ番組の場合は最初からある程度の尺が決まっていますから、それに合わせて作っていくわけですが、皆さんの場合は原則自由な

写真2-1

慶應義塾大学大石裕研究室有志の皆さん

ので、最初にどの程度の尺にするか、意識する必要がありますね。

☞ 最初に作品の長さ（尺）を意識する

── タイトル部分が空欄ですが、どんな感じになりそうですか。
学生：企画書には書きませんでしたが、「夢」のようなイメージです。これには、理想のゼミとしての「夢」と、自分の将来の「夢」とをかけています。
── だとしたら、全体としてもう少し「夢」を軸にして考えた方がいいのではないかな。その際、ただの「夢」では漠然としてしまうので、サブタイトルに、もう少し具体的なテーマを出してみるといいでしょう。

　企画書の段階のタイトルは、最終的に表に出すような凝ったものである必要はありません。むしろ、地味でもいいので、企画の基本コンセプト（言いたいこと）がはっきりわかるようなものにしておくと、構成もそれを意識して考えていくことができます。

☞ 企画書の段階のタイトルは言いたいこと重視、凝る必要なし

── 全体的にカメラワークから入っているのはいいと思いますが、

「真面目さ」の部分をどう出していくのかに、もう少し工夫が必要かなと思います。教授の話を真剣に聞いている様子（映像）だけでは、ほかのゼミとどこが違うんだということにもなってしまいます。

このような問題点も、実際に企画書を書いてみることで見えてきます。自分の頭の中を整理したり、イメージを膨らませるためにも、企画書を書いてみるということが大切なのです。

☞ 書けば問題点が見えてくる（書けばわかる！）

ゼミ、クラスの紹介作品を企画する ②

同じ課題でもう一例、見てみましょう。
個性あふれる人たちが集まるという感じを出したいとして、考えられた企画です（表2-2）。

—— 尺はどれくらいのイメージですか？
学生：数分というくらいで、あまり細かくは考えていません。
—— これもタイトルが書かれていないので、何をメインに伝えたいのかわかりませんが、「個性ある人たち」からはじめて、何を訴えるかですね。とくに最後に教授に何を語ってもらうのか、その間をどうつないでいくのか、考えなくてはなりません。

映像作品は短いものであればあるほど、自分が言いたいことを強く意識して、ワンポイントに絞って伝えていく必要があります。このワンポイントがすなわち企画書の段階のタイトルになるのです。

☞ 短い作品ほど言いたいことを絞る

学生：いろいろな世界でがんばっている人たちがいるので、そういう人たちと一緒にいることで刺激になる場、といった感じが出せればなと思いました。

表 2-2 学生によるゼミの紹介作品の企画書実例 ②

【企画提案書】　　作成日：2016年10月12日　　提案者：E.E.

◆ 番組名／コーナー名

　　ゼミ公式サイト
　　（学内外PR、新人勧誘用）

◆ 放送日／公表日

　　2017年1月

◆ タイトル

◆ 企画意図

　　個性豊かなところを示す
　　それぞれのユニークな特技や経験を伝える

◆ 取材・内容・構成（何を、どのように）

　　ゼミ生2人くらいに特技を披露してもらう
　　　Ex) 少林寺拳法をしているAさん
　　　　　チアリーディングをしているBさん
　　　　　　↓
　　今まで扱った本をたくさん積み重ねる
　　　　　　↓
　　大石教授がゼミを紹介
　　　　　　↓
　　最後は大石裕研究会のテロップ

――そうすると、はじめに紹介したふたりがユニフォーム姿からガラッと出で立ちを変えて、今度はゼミの場で教授や他の学生たちと真剣に議論しているような映像が欲しいですね。

その上で最後に、教授にどのような話をしてもらい、締めるのかを考えてみるといいでしょう。教授にしても、ただ何か話してください、では困ってしまいますからね。

このように企画書を書いて、みんなで議論をしていると新しいアイデアが生まれてくるものです。

☞ 企画書をもとに議論をすれば、新たなアイデアが生まれる

どうでしょう。現実的に企画をどう考えていくか、イメージがつかめたでしょうか。皆さんも企画書を書いて、議論してみましょう。

この節のPoint

★ 最初に作品の長さ（尺）を意識する

★ 企画書の段階のタイトルは言いたいこと重視、凝る必要なし

★ 企画書を書けば問題点が見えてくる（書けばわかる！）

★ 短い作品ほど言いたいことを絞る

★ 企画書をもとに議論をすれば、新たなアイデアが生まれる

課題例 1

世相を表した漢字をテーマに、企画を考えてみよう

　毎年、年末になると、京都の清水寺で「今年の漢字」が発表されます。よくテレビでも取り上げられるので、ご存じの方も多いでしょう。

　これは、日本漢字能力検定協会が漢字文化の普及活動の一環として、その年の世相を表す漢字1字を公募、選定しているものです。この数年の「今年の漢字」は以下の通りです。

　　2011年：絆　　2013年：輪　　2015年：安
　　2012年：金　　2014年：税　　2016年：金

　これらの中からひとつを選び（テーマに）、身近なところからの映像作品の企画を考える（もちろん制作まで実施してよい）、といった演習課題に取り組んでみてはいかがでしょうか。

　たとえば、2015年の「安」を例にとれば、「私の身近な"安"」をテーマとして映像作品を作る、といった感じです。

　この年に「安」が選ばれたのは、安全保障関連法案の議論があったほか、テロが頻発したり、異常気象となったりで身の回りの安全が脅かされている、といった意味からでした。

　これを大上段に論じるのではなく、自分たちの身の回りで起きていることから考え、作品にしてみるのです。

　この課題では、家庭や学校といった"身内"を離れて、そこから少し外側にいる人にまで取材や撮影を試みてもいいでしょう。そのようにして少しずつ経験を積んでいくのです。

Part 3

事前取材と ロケハン

―― 撮影に入る前にやっておくこと ――

企画がたったらすぐに撮影といきたいところですがその前にやらねばならないのが事前取材とロケハンです。ここでの準備が最終的な作品の仕上がりに影響します。

1 アプローチの注意点

▶カメラという機械の制約

　企画が立ったら、次はいよいよ取材に入ります。

　あくまで推測ですが、テレビの取材は新聞以上に断られることが多いように思います。

　理由の一つとしてあげられるのが、テレビでは取材の過程にカメラという機械が入ってしまうことです。

　これが案外、心理的な壁となっているようです。「話だけだったら」という人が多く、カメラを向けられて話さなければならないとなると、たいていの人は尻込みしてしまいます。

　たとえ、OKになったとしても、テレビのごっついカメラを向けられ、照明をたかれて、「自然に話してください」と言われても、一般の方が自然に話せることはまずないでしょう。

　市販の小型ビデオカメラにしても、見ず知らずの人にカメラを向けられると、ちょっと構えてしまいますよね。

写真3-1
この状況でカメラを意識するなと言われても……

いきなりカメラを向けられて、意識するなと言われても無理。それでも自然な表情を撮りたいとすればどうするか

活字媒体の取材であれば、最近では音声レコーダーやノートPCの使用も増えましたが、かつてはメモにペン書きでした。最悪の場合、それなしでも普通の記憶力さえあれば、なんとかはなります。ただ、映像の取材はそうはいきません。機械なしには記録できないのです。

ところが、人と人の間に機械が入ると、どうしても関係がぎくしゃくしてしまいます。この制約をどうぬぐい去るか、です。

▶カメラに慣れてもらうことを考える

このためには、まず相手にカメラ慣れしてもらうことが重要です。

自分が取材されることを考えてみてください。カメラを向けられて質問されても、まずカメラが気になって、カメラ目線で話してしまったり、どこに目線を持って行ったらいいか迷ってしまうでしょう。それでは、最終的に作品になった際に、見ている視聴者にまでカメラという機械の存在を意識させてしまい、作品の魅力が大きく損なわれてしまいます。

そこで、取材対象者にカメラに慣れてもらうというステップが必要になります。

事前取材の段階から、必要がないとはわかっていても、カメラを持って行き、撮影をする。あるいは、直接ファインダーをのぞき込んだ撮影をするのではなく、カメラについている回転式のモニターを利用して、自分の視線とカメラのレンズの位置を変えて撮影するというのもひとつのやり方です。

全国のTBS系列局で放送されている人物ドキュメンタリー番組『情熱大陸』（毎日放送制作）でも、このような取材対象者との事前の関係作りを意識して行っているようです。

実際に、同番組で取材された経験を持つ放送作家の鈴木おさむさんは、その取材手法の特徴のひとつに、「ちょっとウザい友達になる」ことをあげています。

「取材のカメラが付いたのは10月から正月までみっちり。最初の

うちはカメラがいることに慣れず、出来もしないカメラ目線をしてしまう。でも、毎度毎度、いろいろ質問してくるので、最初はあった緊張が、どこかで『また来てんのかよ』って気持ちになる。ちょっとウザいくらいだ」(『AERA』2009.2.2号より)。

このような関係作りができてからが、いよいよ本番なのです。

> ### この節のPoint
>
> ★ アプローチの段階では、まずカメラに慣れてもらうことを考える
>
> ★ 最初のうちは、不必要でもカメラを回すなどの工夫をする

2　事前取材とロケハン

▶取材対象者を知り、撮影場所を考える

映像制作(とくにドキュメンタリー制作)においては活字表現とは異なり、単に事実関係をつかむというだけではなく、映像でどう表現していくか(いつどこでどう撮影するか)といった2段階の作業が現場で必要になります。

そのため、事前取材の段階では、内容面のヒアリングとともに、撮影のための下準備が必要になります。この工程が事前取材とロケ

ハンです。

たとえば、その人の1日の過ごし方や習慣。今後、予定されている大きな出来事の有無。昔の話であれば、誰か別の証言者はいるか、あるいは写真や思い出の小物の存在などを聞いておくのです。小物類があれば、撮影時に用意してもらいましょう。

こうしたヒアリングで得た情報をもとに、撮影計画を考えますが、その際、大きく分けてふたつの側面から考える必要があります。

まずは取材対象者に対する配慮です。

先に述べたように、テレビでは取材の過程にカメラという機械が入ってしまいます。これが案外、心理的な壁を生みます。

カメラに慣れた人でも、閉ざされた部屋の中での撮影となると、カメラに真っ向から対することになります。これでは心理的に構えられてしまい、自然な形でのインタビューにはなりません。

このような映像取材ならではのハンデを考慮して、カメラの存在を意識させず、自然に話してもらえるシチュエーションを設定する必要があります。

これに対するひとつの解決法が、日常生活の中で何かをやりながらインタビューに答えてもらう、という撮影手法です。日常的に行っている作業をしてもらうことで、カメラへの意識をそらすのです。

食事をしながら、というのも考えられるひとつのやり方です。

表3-1 インタビュー映像だけでは展開に広がりが出ないと思ったら…
事前取材での撮影計画を意識したヒアリングの要点

① これから撮れるものはないか
・1日の過ごし方や習慣を聞く→ 特定のタイミングで撮影 ・今後起きる予定のイベントを聞く→ 当日撮影 ・とくにない場合は、とりあえず終日密着して撮影することも考える

↓

② もう撮れない（過去の事実）→ どうやってイメージとして再現するか
・ほかの人物に証言してもらう ・写真やメモなど小物を用意してもらう → 物撮り

テレビのドキュメンタリー番組でも、一般の方に対して、暮らしの中での日常的な作業をやってもらいながらインタビューをしている様子がよく出てきます。

これには、視聴者に対してその人物の日常を紹介する一方で、取材対象者の自然な表情を撮るという目的もあるのです。

▶視聴者を意識、情報と演出の両面からの映像づくりを

撮影計画を考えるに当たってのもうひとつの側面とは、視聴者に対する見せ方です。

これについては、いかにして自分が言いたいことを的確に伝えていくかという観点から、①情報としての映像づくり、②演出としての映像づくり、の両面から考えてみるといいでしょう。

まず、情報としての映像づくりですが、これは音声や字幕以外の手段で情報をどう伝えていくか、ということです。

映像では背景も情報となります。

たとえば、教師にインタビューをしたとしましょう。字幕で「教師」と付けて、それなりのことを話してもらえば、視聴者には「この人は教師だな」と思ってもらえるかもしれません。

ただ、その背景に、オフィス街の風景が映っていたとするとどうでしょうか。一瞬、サラリーマンかと迷ってしまうかもしれません。

これに対し、背景に大学のキャンパスが映り、遠目にも学生たちが闊歩していたとすると、視覚的効果が加わり、まず間違いなく教師と思ってもらえるでしょう。

このように、「背景で説明する」ということを意識しながら、最適な撮影場所や構図を検討していきます。

ふたつめの、演出としての映像づくりとは、事実関係ではなく、視聴者にどう感じてもらうかといった視点からの映像づくりです。

たとえば、光をどう味方にするかです。

写真3-2 人物のとり方次第でイメージが変わる

①

②

　映像は「光の芸術」といった側面があります。普通の光景も光のあたり方次第で人間の感じ方、心象風景は違ってきます。朝日がさんさんと降り注いでいれば、明るい、いきいきとした感じになるし、夕暮れ時には感傷的な気分になります。

　屋外での撮影の場合、撮影する時間帯により、こうした自然光の影響は避けられず、登場する人物のイメージを変えてしまいます。

　人物ドキュメンタリーの中に、主人公が悩んでいる場面を入れたいとなったら、昼間と夕日のどちらの時間帯でのシーンを撮影したらいいでしょうか。答えはわかりますよね。

　また、インタビューを人物の真横から撮るというのも、演出としての映像づくりの一手法です。

　通常、インタビュー映像は真正面か多少斜め正面を向いてもらうというのが一般的です（写真3-2 ①）。

　これに対し、真横から人物を撮ると、どこかその人物を客観的に見ているような印象を与えます（写真3-2 ②）。

　これなども、視聴者に対し、その人物を少し客観的に見てもらいたいと思った際に使う手法です。

　このようにして、作品中で使いそうな映像のイメージが湧いてきたら、実際に撮影場所を見に行きましょう。これがロケーションハンティング、俗にいうロケハンです。

Part 3：事前取材とロケハン

表3-2 ロケハンのポイント

- 忙しい人の場合、移動の段取りを考える
- 撮影許可が必要な場所は事前に許可を得ておく
- 騒音や空調など現場の音がうるさくないか
- 撮影予定時刻と太陽の向きの確認 → 逆光なら照明がいる
- 当日混雑が予想されるようであれば、事前のポジション取りが必要かどうか

 ロケハンには誰が行けばいいですか。ディレクター役の人間は当然としても、ほかのメンバーは行かなくてもいいのでしょうか？

　ディレクター役以外ということでは、まずカメラマンがあげられます。実際に撮影する人ですからね。そういう人の意見に耳を傾けることは重要です。

　映像制作は文章表現とは比較にならないほど多くの人間が携わります。当然、チームプレーが重要になります。

　チーム全員が制作意図を共有しながら、それぞれ与えられた役割を果たすことが要求されるので、ロケハンにもできるだけ多くの人間で行くのが本当は理想です。

　とはいえ、テレビの世界では、限られた人数でそれぞれが掛け持ちの仕事をしているので、ディレクターひとりでロケハンすることが多いのですが、アマチュアの場合、時間に余裕があるならば、レポーター役や、インタビューされる側の人など、関係するすべての人間で行ってもいいと思います。

　そこでできるだけ多くの意見を出し合って、皆の考えをすりあわせ、よりよい作品に仕上げていくというのがいいでしょう。

　ただ、それで意見が割れることもあると思います。その場合には、ディレクター役の人間の判断に最後は一任するといった了解事項を忘れずに、仲良く制作を進めるようにしてください。

ロケハンというと何か映画やテレビドラマの世界のことのようで、ピンと来ないかもしれませんが、ドキュメンタリーであっても時間があれば、できるだけ現場に足を運んでおきたいところです。撮影計画や粗構成を考える際にイメージが湧きやすくなるからです。

実際に現場に行ってみると、撮影許可が必要だったり、忙しい相手の場合に移動の段取りを考える必要が出てきたり、付近の騒音が激しかったり、など様々な問題が見えてくるものです。

いざ撮影という段階になって慌てないよう、ロケハンをやっておくにこしたことはありません。

| この節のPoint |

★ 事前取材では事実関係のほか、撮影のための予備知識も得よう

★ 撮影計画は取材対象者、視聴者それぞれを意識して考える

撮影計画 ┬ 対取材対象者：カメラを意識させないシチュエーション設定
　　　　　│　　　　　　　→できるだけ日常の環境の中で撮影する
　　　　　└ 対視聴者：①情報としての映像づくり
　　　　　　　　　　　　－背景も情報。背景で説明する
　　　　　　　　　　　②演出としての映像づくり
　　　　　　　　　　　　－視聴者にどう感じてもらうか

★ できるだけ現場に足を運びロケハンをする

・撮影計画や粗構成を考える際にイメージが湧きやすくなる
・現場に足を運べば、様々な問題も見えてくる

3 インタビューの方法

▶「聞く」のではなく「聞き出す」

　事前取材とは言っても、本番の取材は撮影主体になってしまうことが多いので、聞けることは事前取材の段階で聞いておくべきです。

　事前取材では、撮影のためのヒアリングも意識しなければなりませんが、事実関係の把握が最重要であることは言うまでもありません。

　一方で、本番でカメラが回っている時に、話してもらいたい肝心の質問はとっておくという配慮も必要です。もしそれが難しいのであれば、ロケハンの時点で、仮にカメラを回しておく必要があります。

　インタビューとは話を聞くことではなく、話を聞き出すことである——。読売新聞大阪本社で社会部長などを歴任したジャーナリストの故・黒田清氏は、取材のおもしろさはインタビューに始まり、インタビューに終わるとした上、その成否に関して『体験的取材学』(1986年発行、情報センター出版局刊) の中で、こう表現しました。

　優れたドキュメンタリー作品も、良い取材から生まれます。通常、取材活動の基本はインタビューです。とすれば、優れた作品になるかどうかはインタビューの成否による部分が非常に大きいと言えます。

　いざ、インタビューという前には、事前のリサーチに基づいたおおまかな流れを考えていく必要があります。相手に会ってから「何でもいいからお願いします」では、本当にお話になりません。

　もちろん、あまり細かな質問をいくつも考えたところで、その通りにはいかないケースがほとんどです。

　ですので、大体、おおまかに「A、B、Cの3項目をこの順番で聞く」

写真3-3

綿密な事前リサーチと現場での臨機応変な対応で話を聞き出そう

といった程度のことを事前に決めておいて、後は相手の話の内容次第で臨機応変に対応していくというのが現実的です。

ところが、慣れていない人がインタビューをすると、「お願いします」と言ったきり、黙って聞いてしまうことがよくあります。

しかし、それではいけません。事前に用意してきた質問に対し、相手が的確に答えてくれたとしても、それだけではおもしろい作品にはまずなりません。

どれだけ視聴者の共感を得られるかということを考えた場合、できるだけ具体例でもって説明してもらう必要があります。

ただ、はじめから事細かにこちらが欲しい情報を話してくれる人はまずいないので、取材する側が話をうまく引き出さなければなりません。

そのため、話が一区切りした段階で、それまでの話の中で疑問に残ったこと、もう少し詳しく知りたいと思ったことについては、すかさず追加の質問をしましょう。

まさに、「聞く」のではなく、「聞き出す」のです。

▶「たとえば」と「なぜ」をうまく使う

相手から話を聞き出すには、「たとえば」と「なぜ」を意識して

使うと効果的です。

　サッカーの試合後の勝利監督インタビューを想定してみましょう。ここでは無口な監督だとします。
「今日の勝因はなんでしょうか？」
　と聞かれれば、
「戦術面がうまく機能したことだろう」
　くらいは答えてくれるはずです。
　ただ、そのまま流すと、これで話が終わってしまうかもしれません。そういう場合に、
「たとえば、どういう場面で機能しましたか？」
　とすかさず質問すれば、
「それは後半に誰々が……」
　と、よほど機嫌が悪くなければ、具体的な場面の話をしてくれるでしょう。
「たとえば」が具体的な話を引き出すのに適しているのに対し、「なぜ」はその人の考え方を引き出してくれるフレーズです。
　先の例で言うと、
「なぜ、戦術が機能したのでしょうか」
　と聞けば、監督なりの分析を話してくれるはずです。
　インタビューは放っておくと、一般論に終始してしまうケースが少なくありません。
　そうはならないよう、このような形で、視聴者を説得するための生き生きとした具体例、事実の裏にある考え方を引き出すことがインタビュアーには望まれるのです。
　また、相手が特定のフレーズを頻繁に使うような場合があります。
　これなど、その人のこだわりの部分であることが多いので、その意味をしっかり確かめ、なぜそう思うに至ったかエピソードを聞き出すと、その人の人物像や考え方が鮮明になります。

▶編集を意識しながらインタビューをする

　加えて、映像ならではのインタビューの注意として、不用意にあいづちを打たないということがあげられます。

　相手の話の途中で、「ハイ、ハイ」とインタビュアーの声が頻繁に入ると、後で編集しづらくなってしまうからです。

　また、質問の語尾をはっきりさせる、といったこともあります。

　インタビュアーが質問した言葉を音声で作品内に入れる場合があります。その際、質問が途中で切れていては、どうも締まりがよくないからです。

　通常の会話であれば、「私はこう思うんですが……」と言って相手に促せば、あ・うんの呼吸で相手は自分の考えを話してくれますが、映像にすることを意識するならば、質問は「どう思いますか？」と最後までしっかり話すよう意識したいところです。

　これまで述べてきたことは即効的なインタビューのコツで、確かにこれだけでもある程度は形になるのですが、これをもって一流のインタビュアーになれるわけではありません。中長期的な能力の向上を考える必要があります。

　その方策としてまずあげられるのが、専門的な知識の習得です。

　政治、経済、法律、医療、スポーツなど特定の分野における深い知識がなくては、相手が言っていることがわからない上に、的を射た質問ができません。今、何がその分野における旬の話題なのかもわかりません。

　そうはならないように、自分が好きな分野を選んで、常に最新の知識を得るための努力を欠かさないことです。

　さらに言えば、相手からどれだけの情報を引き出せるかは、最終的に、様々な人生経験、幅広い教養を含めたインタビュアーのトータルな人間力次第と言えます。

「インタビューをしていて、相手が言った言葉のなかに何がふくまれているか。なにげない言葉のなかに、何が織り込まれているか。それを知るのは知識ではない。インタビュアの感性によらなければならない。ある人には聞こえるものが別の者には聞こえないということは、決して珍しいことではないのである」(前出の『体験的取材学』より)。

ここまで考えると、努力の量に上限はなくなります。

この節のPoint

★ インタビューとはただ「聞く」のではなく、「聞き出す」もの

★ 「たとえば」で具体例を、「なぜ」で考え方を聞き出す

★ 編集を意識したインタビューをする
　・不用意にあいづちを打たない
　・質問の語尾はしっかり

★ 中長期的には、専門知識を身につける、「人間力」をつける

Part 4
粗構成の考え方
―― 作品の基本線はここで決まる ――

事前取材とロケハンが済んだら撮影の前におおまかな構成を考えましょう。ここで作品の基本線が決まるほど重要な工程です。

1 構成を決める要素

▶この作品で自分は何を伝えたいのか、意識しながら考えよう

　事前取材とロケハンが終われば、おおまかにでも自分が伝えたいことが見えてくると思います。

　そこで、ここで具体的な構成を考えてみましょう。撮影前の段階では作品のおおまかな流れを考える程度でいいのですが（粗構成）、これで作品の基本線はほぼ決まってしまうほど重要な工程です。

　なぜかといえば、粗構成は撮影計画に直結するためです。

　粗構成に従って、撮影が行われます。その後、撮影された映像素材を「部品」として編集が行われます。編集ではこの「部品」がなければ、もうどうにもなりません。

　編集の段階になって「あのシーンがない」と言ってもあとの祭り。追加撮影に行くとしても、その時でなければ撮れないシーンもけっこう多いものです。

　（なお、テレビの現場によっては粗構成ではなく、普通に「構成」と呼ぶこともありますが、本書では編集直前に考える最終的な構成と区別するため、前者を粗構成、後者を本構成として区別することとします）

　アマチュアを対象とした映像作品コンテストを拝見すると、機材の向上もあって、最近ではプロ顔負けのきれいな作品が多くなりました。

　ただ、確かにきれいな映像が並んではいるのですが、何を言いたいのかメッセージが伝わってこない作品が非常に多い点で物足りなさを感じてしまいます。

　原因は、粗構成の段階で自分が伝えたいことをあまり意識せず、

「何となく撮影」し、「何となくきれいに撮れた」映像を使って、「何となく構成／編集してしまう」ことにあると思われます。

　その点、プロは映像美もさることながら、粗構成の段階から自分が伝えたいことは何かをはっきり意識し、それを視聴者に効果的に伝えるためにはどのような映像が必要で、そのためには撮ってきた素材をどう並べればよいかという、一貫した考えに基づく作品作りを心がけています。

　これはディレクターにとって作品作りの核心とも言える部分なので、アマチュアもぜひ意識して欲しいところです。

　それを踏まえた上で具体的な話に入ります。
　まず、この作品で自分は何を伝えたいのかを意識してみましょう。
　ある特定の問題や素材（人物や団体、自然など）を取り上げて、そこから何を伝えたいかをディレクターは考えます。
　この伝えたいこと、言いたいことが作品のテーマとなります。
　そして、そのテーマを最も効果的に伝えるためには、どのような切り口で、どのようなストーリー展開にするか、と具体的に落とし込んでいくのです。
　つまり、

```
                    ┌──どのような問題／素材を使って
伝えたいこと（テーマ）─┼──どのような切り口で
                    └──どのようなストーリー展開で
```

と考えることができます。
　問題や素材がすでに決まっているとすれば、自分が伝えたいことを明確に打ち出すには、あとは切り口とストーリー展開が鍵となります。

Part 4：粗構成の考え方

▶ベルリン・フィル映画に見る切り口の実例

　続いて、切り口とは何でしょうか、見ていきましょう。
　2008年秋にベルリン・フィルハーモニー管弦楽団が来日公演しました。それに合わせ、各地で記念イベントが開かれましたが、その際、同楽団に関する3本のドキュメンタリー映画が上映されました。
　『ベルリン・フィル 最高のハーモニーを求めて』は、2005年の東アジアツアーに同行し、楽団員一人一人の内面に迫って行こうというものです。
　もうひとつの『帝国オーケストラ』は、戦前から戦中のナチス政権下のベルリン・フィルを取り上げました。当時の団員の証言を交えつつ、政権のプロパガンダとして利用された時代の苦悩を描いています。
　3本目は『ベルリン・フィルと子どもたち』。ベルリン・フィルは新たな試みとして、世界の子どもたちがバレエ曲に合わせて踊る「ダンスプロジェクト」を実施しました。国籍や文化の異なる250名の子どもたちが6週間の特訓を経て大舞台に立つまでを描いています。

写真4-1

ベルリン・フィルを素材としたドキュメンタリー映画3本。同じ素材ながら切り口が全く異なっている（いずれも国内配給はセテラ・インターナショナル）

「最高のハーモニー」が楽団の今を、「帝国オーケストラ」が過去を、「子どもたち」が未来を描いていると言えるでしょう。同じベルリン・フィルを題材としていても、作品としてはそれぞれ全く違ったものに仕上がっています。

　この3作品で説明すれば、素材はベルリン・フィルで共通していますが、切り口の違いがそれぞれの作品の差となっています。

　切り口とは、取り上げる対象（問題／素材）のどの部分にスポットライトを当てるか、と言い換えることができます。

　一口にベルリン・フィルと言っても、限られた時間（尺）の中ですべてを取り上げることは不可能です。そこである一面にスポットライトを当て、そこからベルリン・フィルとは何かを考えていこうということになるのです。

　他の素材でも、同じことが言えます。

　限られた時間（尺）の中で、特定の人物や組織、あるいは事件のすべてを語り尽くそうと言っても無理のある話で、あれもこれもでは表面的にさらっと触れるだけで時間がきてしまい、印象の薄い作品になることが多いのです。

　そこで、実際にはある一面にスポットを当てて、そこから全体を考えていこうということになります。

▶ストーリー展開にはふたつのパターンがある

　切り口が決まると、次はストーリー展開です。

　これについては常に頭を悩ます難題なのですが、非常にざっくり言えば、論理的にふたつの考え方があります。演繹法と帰納法です。

　漫画界の大御所、故・手塚治虫氏はマンガのアイデアやストーリー展開に関して、この演繹法と帰納法をわかりやすく表現しています。

　「お話を最初から行きあたりばったりに考えていくこと（演繹法）と、最後のオチを考えて、それに合わせてお話をつくること（帰納法）である」〈『マンガの描き方』（1996年発行、光文社刊）〉。

表4-1 演繹法と帰納法に基づいたストーリー展開のパターン

【演繹法型】	【帰納法型】
最初に問題提起（論旨の起点）	もともとは……
↓	↑
それから、どうなった	その前にこういうことが…
↓	↑
だから……	そうなった訳は……
↓	↑
そのため、こうなった	結論はこういうことです（論旨の起点）

　起承転結の「起」から考えはじめるか、「結」から考えはじめるか、ということです。
　このうち、オーソドックスなのが演繹法です。
　最初に見せたい映像、最もインパクトのある映像を持ってきて、そこから展開を考えていくやり方です。
　あるいは、最初に問題を提示して、なぜこのようなことになったのか、順を追って真実に迫っていく、といった手法で、多くの作品はこうした演繹法的なストーリー展開を採用しています。
　一方で、帰納法的な展開は実際の作品では少ないのですが、結論をはっきりさせてから構成を考えるため、アマチュアの方には作りやすいかもしれません。
　少なくとも途中から論旨展開があやふやになってきて、言いたいことがわからなくなる、といった初心者が陥りやすい問題はまずなくなります。
　ただし、途中でオチが見えてしまう、いわゆるネタバレ状態になってしまうという欠点もあるので、そこは注意が必要です。
　帰納法型の典型が、謎解き型ドキュメンタリーです。
　冒頭で、「なぜこのようなことになったのでしょうか」とリポーターが視聴者に問いかけるようにして始まり、リポー

Q 最もインパクトのある映像を冒頭に持ってくるということですが、インパクトがあるかどうかの判断は人によって違うと思います。何か客観的な定義はあるのでしょうか？

　しいて言うなら、作品全体のテーマから見て最も問題提起として適した映像ということになりますが、厳密には客観的な定義などありません。最後はディレクターの主観ということになります。

　ニュースでは、たとえば、国会での総理の発言で特定の政策に関して一歩踏み込んだ発言をしたといった場合には、当然、その発言を冒頭に持ってくるといったことが考えられます。これについては各局のニュースでそんなに違いは出ないと思います。

　しかし、企画性の高い作品の場合は、むしろディレクターの独自色が期待されます。一般の方が作る作品の多くはこちらの部類に入るでしょう。

　この場合、同じテーマと言っても、ディレクター10人にそれぞれ作らせれば、まさに十人十色、様々な作品ができあがることになります。

　しかし、それでいいのです。

　小学生の頃に、「夏休みの思い出」といった課題で作文を書いた経験があったでしょう。それを新学期になって、クラスで発表したと思いますが、人それぞれで全く違うものだったはずです。それと同じことです。

　最後は、自分に自信を持って、選択してください。

ターが探偵のように謎へと迫っていくような作品が当てはまります。
　この手のドキュメンタリーは最後のタネ明かし部分を起点としてストーリーを考えていく点で、帰納法型のストーリー展開と言えます。

ちなみにこうした謎解き型ドキュメンタリーのことを、放送業界では「絵とき」型とも言います。

絵ときとは、本来、写真や絵を説明する文章のことで、新聞業界では写真を説明するキャプションのことを指します。

それとは意味が異なるのですが、もともとテレビが誕生した頃には新聞社から来た人が多かったので、現場で何らかの言葉の転用があったのかもしれません。

ただ、結論（答え）は取材を始めた初期の段階ではわからないことが多いものです。

そのため、多くの作品では作りながら答えを見い出していくことになります。演繹法的なアプローチが自然と多くなるわけです。

この節のPoint

★粗構成は、作品作りの重要な工程で、テーマ（伝えたいこと）、問題／素材、切り口、ストーリー展開、といった要素により決まる

★まず、視聴者に伝えたいこと（作品のテーマ）を強く意識する

★次に、テーマを意識しつつ、切り口とストーリー展開を考える

★切り口とは、取り上げる対象（問題／素材）のどの部分にスポットを当てた紹介をするかということ

★ストーリー展開には演繹法型と帰納法型のふたつのパターンがある

2 身近な素材から具体的に粗構成を考えてみよう

▶**運動会を素材に作品づくりを考える**

では、具体的に、身近な素材をもとに、見せ方を考えてみましょう。

ここではまず、親から見た子どもの運動会を素材として、説明していくことにします。

これを、先に説明した図式に当てはめると、

伝えたいこと（テーマ）┈┈┬┈素材（ここでは運動会）
　　　　　　　　　　　　├┈切り口
　　　　　　　　　　　　└┈ストーリー展開

となります。

素材は決まっているので、次に考えなければならないのは、「伝えたいこと」か「切り口」です。

まず、ここで伝えたいことは何でしょうか。

「家族の絆」か「子どもの成長」か、あるいは「今時の運動会」といった世相的なテーマとすることもできるかもしれません。

この中で、仮に「子どもの成長」をテーマとするならば、次は切り口を何にするのが良いかと考えていきます。

50メートル走といった競技種目の準備から本番、レース後までにスポットを当ててもいいだろうし、放送係など担当する裏方仕事を通じて、という切り口でもいいでしょう。

「家族の絆」をテーマとするならば、切り口が50メートル走だとしても、「子どもの成長」をテーマとする場合とは、ストーリー展開が違ってきます。

「子どもの成長」をテーマとするならば、子ども本人にスポットを

当てることになりますが、「家族の絆」をテーマとするならば、本人もさることながら母親や兄弟など家族を交えたエピソードを重点的に入れていく必要があります。

　発想としては少しイレギュラーですが、始めに「切り口」から決めてもいいでしょう。

　今回の運動会の最大の見せ場は 50 メートル走だ、ということであれば、まずこの切り口を決めてから、最も適した表現テーマは何かを考え、それであれば、「家族の絆」だな、あるいは「子どもの成長」だな、と決めていくのです。その上でテーマに沿ったシーンを撮っていきます。

　見せ方の大枠から入る方法もあります。

　子どもを主人公にして、たとえば、全国の TBS 系列局で放送されている『情熱大陸』(毎日放送制作)のように特定の人物を熱く紹介するドキュメンタリー作品に仕上げたいとなれば、テーマは必然的に、家族や世相というよりも「本人自身の内に秘めた情熱」ということになるので、後は、運動会を素材とした場合に、どこにスポットを当てていけばいいかと考えていけばいいでしょう。

　だとしたら、50 メートル走だな、あるいは選手宣誓だな、となり、そこに向けて努力している姿を追っていけばよいことになります。

　あるいは今回は特定の場所に腰を据えてそこでの出来事を追いかけるシチュエーションドキュメンタリーの手法でいこう、ということになれば、とにかくその日 1 日、校庭で起きることを機動的に追い、そこで起きる偶然のドラマを記録していくことになります。

　シチュエーションドキュメンタリーでは、NHK で放送されている『ドキュメント 72 時間』が代表例と言えます。

　この番組では、毎回、特定の場所を選んで、3 日間 72 時間、カメラを回し、そこで起きる出来事を紹介しています。

▶大学のゼミを素材に作品づくりを考える

　次に、学生の視点から自らが所属するゼミを素材とした紹介映像を作る場合について、粗構成を考えていきましょう。
　ここでも、Part 2 の企画書の実例部分（40ページ参照）で登場した慶應義塾大学法学部大石裕研究室のゼミ生の皆さんに考えてもらった企画をもとに説明してみましょう。

　H君は、ゼミの持つ華やかさと堅実さの両立した部分を伝えたいと考えました。
「華やかさ」とは、大石ゼミがマスコミを研究対象としているため、卒業生の進路でもマスコミ、とくに放送業界へ進む者が多く、女子アナを多く輩出していることで学内で有名、といったイメージ部分のことを指すようです。
　一方の「堅実さ」とは、実際に所属している学生の実感としては、そうした華やかな部分はあるにしても、普段は皆、地道に勉強しているといった部分のようです。
　となると、切り口はゼミ卒業生の進路ということになるのでしょう。と思って進路状況を聞いてみると、研究対象がマスコミとはいえ、実際にマスコミに進む者は一部で、多くのゼミ生は一般企業に進んでいるそうです。
　こうした傾向もあって、外からのイメージと内にいるゼミ生が見た現実とでギャップが生じている部分があるのだと思います。
　そこで、H君が考えた企画書段階のストーリー展開を改めて見てみると、まず、オープニングでは「華やか」な部分として、かっこいい慶大生のイメージを打ち出すとなっています。

表4-2　H君が考えたゼミの紹介作品のストーリー展開案

◆取材・内容・構成（何を、どのように）
　① 〈オープニング〉
　　『華やかさ』：朝（秋～冬）東門から入るゼミ生3人くらい
　　　　　　　　（かっこいい慶應生イメージ）
　② 〈ゼミの様子〉
　　『真面目さ』：教室でのカット
　③ 〈ゼミの繋がり・将来像〉
　　『先生・和気あいあい』：先生を取り囲んで、和気あいあい
　　『将来像』：OB会（ゼミOBのアナウンサーも）の様子
　　　　　　　東門出て、東京タワーに向かって歩いていく

オープニングでビジュアル的に強く印象に残るような映像を持ってくるというのは、演繹法的なストーリー展開の正攻法と言えます。この点、こうした入り方はいいでしょう。

問題は次の場面で、真面目さの象徴としてゼミの風景となっています。

写真4-2
実際の撮影風景

ただここで、普通にゼミでの真面目な風景を出しても、なかなか次へのストーリー展開を考えた場合、つながっていきません。

そこで、ここでは映像的にはゼミの風景を流しつつ、ナレーションなどではゼミの進路状況の説明を入れてみる。とくに、授業の内容がマスコミを研究対象としているとわかるような映像を使いつつ、しかしながら卒業生の進路は

堅い一般企業も多いといった説明をすると、次につながっていくと思います。

　この部分の論旨が明確になれば、次のシーンで「先生・和気あいあい」の部分の位置づけが見えてきます。

　たとえば、先生と学生で和気あいあいと会話をしている映像を使いながら、先生には進路の状況やそれについての考えについて話してもらった音声を使うといった発想が出てきます。

　将来像の部分では OB 会の映像を使うとなっていますが、そうすると、マスコミから堅い業界まで幅広い世界に進んでいるといったことがビジュアル的に理解してもらえるでしょう。

　最後の、「東門を出て東京タワーに向かって歩んでいく」という映像とどうつなげていくかはこの段階では不明ですが、ここまで筋がつながっていれば、もう少し思案を巡らせば、いいアイデアが出てくると思います。

　こうして全体を見てみると、ゼミの風景を流す部分で何を打ち出すのかが、作品の出来を決める鍵となるような気がします。

　一方、E さんは、様々な分野でがんばっている人に出会えて刺激になるところを伝えたいと考えました（以下表 4-3 参照）。

　まず、作品のテーマ（伝えたいこと）としては、ゼミには様々な特技、様々な分野で頑張っている人がいて、刺激になるということなのですが、それ自体なんとなく聞いていると、そうなんだろうなと思うのですが、冷静になってよく考えてみると、これって他のゼミにもあてはまる話なのでは、と思ってしまいます。

　そう考えると、ゼミの紹介映像としては、このテーマのままでは成り立たない可能性があります。「なるほど、確かに大石ゼミ」と思わせるような何かが欲しいところです。

　と考えると、ひとつの案ですが、「ゼミと課外活動の両立」を切り口として、大石ゼミではこの点がどのようになっているのか、といったところを説明していけば、成り立つかもしれません。

表4-3　Eさんが考えたゼミの紹介作品のストーリー展開案

◆取材・内容・構成（何を、どのように）

　　　ゼミ生2人くらいに特技を披露してもらう
　　　　Ex) 少林寺拳法をしているAさん
　　　　　　チアリーディングをしているBさん
　　　　　　　　↓
　　　今まで扱った本をたくさん積み重ねる
　　　　　　　　↓
　　　大石教授がゼミを紹介
　　　　　　　　↓
　　　最後は大石裕研究会のテロップ

　このように切り口がハッキリすれば、大石教授にコメントしてもらう際にも、「ゼミと課外活動の両立について先生のお考えをお聞かせください」と質問が明確になり、話に筋ができてきます。
　逆にこの点が不明瞭なままでは、教授がコメントを求められたとしても、何を語っていいのかわからずに、ありきたりなことしか言えず、結果として、作品がどんどん不明瞭になっていくという負のスパイラル^(※)に陥っていくことになります。

※「負のスパイラル」：連鎖的な悪循環に陥ること

　このように、粗構成を考える際には、伝えたいことを意識しながら、切り口を考え、具体的なストーリーへと落とし込んでいくことになります。
　とくにストーリー展開を考える際には、作品中を通じて終始一貫した筋が通っていることが求められます。
　その筋とは、伝えたいことや切り口を強く意識する中から見えてくるものです。それを粗構成を考える段階でしっかり考えましょう。

この節のPoint

★ 粗構成を考えるには、テーマ（伝えたいこと）をまず決めるのがオーソドックスな手法だが、切り口や見せ方から入ってもよい

★ 切り口がハッキリすれば、ストーリーが見えてくる。逆にここが不明瞭なままでは、伝えたいことも伝わらない

★ ストーリーには、最初から最後まで一貫した筋が通っていることが求められる。その筋は伝えたいことや切り口を強く意識する中から見えてくる

課題例 2

演繹法と帰納法、
2パターンの粗構成を考えてみよう

　この章では、ストーリー展開にはふたつのパターンがある、ということについて説明しました。演繹法と帰納法でしたね。
　そこでここでは、特定の企画（テーマ）について、あえてこの演繹法と帰納法のふたつのパターンで粗構成を考えてみるということをやってみましょう。
　たとえば、Part 2では、「私の身近な"安"」をテーマに企画を考えてみようという課題例を提案しました。
　そこで考えた粗構成案が演繹法型であれば、今度は帰納法型のものを。帰納法型であれば、今度は演繹法型のものを考えてみるのです。
　これをやることで、ストーリーを考える上での柔軟な発想というものについて学ぶことができると思います。
　そうは言っても、なかなかいいアイデアが思い浮かばないと感じている方も多いでしょう。
　ただ、それはプロとて同じです。
　先にご紹介した漫画界の大御所、故・手塚治虫氏は『マンガの描き方』（1996年発行、光文社刊）の中で、アイデアを思いつくことの難しさについて、こうも述べています。
　「机に向かって座っているだけでは、なにも思いつかない。町を歩いたり、電車に乗ったり、場所を変えてみよう。お風呂に入っているときでもアイデアができることだってある」。

Part 5
伝えたいことから考える撮影
──演出面から見た手法──

撮影はそれだけでもとても奥の深い領域ですが、ここではディレクターとして知っておかねばならない演出面から見た手法に絞って説明します

1 カメラワークの基本

▶基本はフィックス、足を使って構図を決める

　カメラをどう操って撮影するかといったことを総称してカメラワークと言います。

　カメラワークの中でも基本となるのが、カメラを固定して撮影する「**フィックス**」という手法です。

　これに対する応用として、カメラを動かしながら撮影する「**パン**」、「**ドリー**」、「**クレーン**」などがあります。

　また、これとは別にズームレンズを用いて撮影する「**ズーム**」という手法もあります。

　これらは業界として広く認識されている手法で、かつまた、チームで作業をする上で必要不可欠な基本用語でもあるので、ぜひ覚えておいてください。

　まず**フィックス**から説明していきましょう。

　これは英語の Fix ＝固定するという意味からきており、文字通り、三脚などでカメラを固定して撮影する手法です。

　カメラワークの中でも基本となる手法で、**サイズ**、**アングル**、**ポジション**の3要素により構図が決まっていきます。

　サイズとは、メインとなる被写体が画面内でどれくらいの大きさになっているかで区別します。サイズショットとも言います。

　被写体が風景や建物なら、大まかに言って、

① ロングショット　　　　被写体だけでなく周辺の風景まで撮る
② ミディアムショット　　被写体そのものだけを大きく撮る
③ アップショット　　　　被写体の一部をクローズアップして撮る

写真5-1 被写体が風景や建物の場合のサイズの呼び方

①ロングショット

②ミディアムショット

③アップショット

の3つがあります（写真5-1）。

このうち、とくに被写体が人物なら、

① フルショット　　　背景を含めて人物のすべてを収める
② フルフィギア　　　人物の頭の先から足もとまでを収める
③ ニーショット　　　人物の膝から上を収める
④ ウエストショット　人物の腰から上を収める
⑤ バストショット　　人物の胸から上を収める
⑥ アップ　　　　　　顔の大写し

の6種類に大別されます（写真5-2）。

写真5-2　被写体が人物の場合のサイズの呼び方

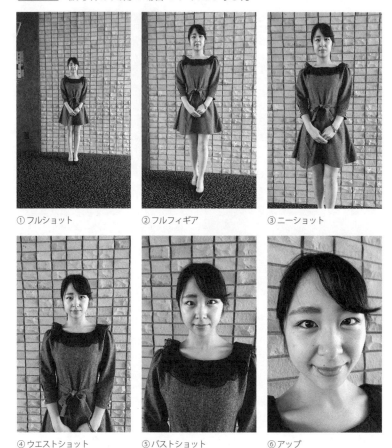

① フルショット　　② フルフィギア　　③ ニーショット

④ ウエストショット　　⑤ バストショット　　⑥ アップ

　ただ、これはあくまでおおまかな区分けで、たとえば、一口に「人物のアップ」と言っても、顔のすべてが入ったものから、目から口のあたりを大写しにしたものまで細かく言えば様々で、最終的には現場で被写体を見ながら微調整しつつ決めていくことになります。

　撮影に慣れていない方の場合、このあたりをあまり意識せずにフルショットで撮ってしまいがちですが、フルショットでは人物の細かな表情はとらえることができません。

いくつかのショットを使い分けて、自分の表現意図に合った映像を撮るようにしましょう。

アングルとは、カメラと被写体との角度のことを言います。水平位置を基準としてカメラの位置が被写体に比べて高いか低いかで区別するのです。

① ハイアングル　被写体に対し高い位置から見下ろすよう上から撮影すること。「俯瞰」とも言う
② 水平アングル　被写体と同じ高さで撮影すること。「目高(めだか)」とも言う
③ ローアングル　被写体を見上げるように下から撮影すること。「あおり」とも言う

ポジションとは、まさに被写体との位置関係で、特定の呼び名はありませんが、前後左右どの位置から被写体を撮影するか、ということです。

これら、サイズ、アングル、ポジションの3要素の組み合わせにより、最終的に構図が決まります。

順番としては、

① ポジション → ② アングル → ③ サイズ

の順で決めていくのが、テレビの世界で行われている通常のパターンです。

これがアマチュアの場合は、逆になっていることが多いようです。あまり動き回らないままポジションを決めてしまうためだと思われますが、最初にいろいろ動き回って、ベストのポジションを決めてから、アングル→サイズと考えていけばよいショットになります。

撮影はまず足を使う、と覚えておきましょう。

▶構図の取り方次第で見え方は大きく変わる

　たとえば、教室という限られた空間で行われる授業（ゼミ）の風景と一口に言っても、構図の取り方次第で見え方は全く違ったものになります。ここではそれを見ていきましょう。

　写真 5-3 の①は、授業を受けている学生の目線に近い位置から撮ったもので、水平アングルあるいは「目高か」と呼ばれるアングルです。

　学生の視点から作品を作っていくといった場合には、このアングルが適していますが、ゼミの全体像を把握することはできません。

　ゼミの全体像を把握するということを第一に考えるなら、②のような構図、いわゆる俯瞰（ハイアングル）が適しています。全体像が一目瞭然ですよね。

　さらに、特定の人物が話している、あるいはインタビュー映像のような場合は、③のようにサイズは上半身アップで、やや下からあおるようなローアングルが使われることもよくあります。

　この際のちょっとした工夫として、構図中、手前に何か物を入れることで、映像に奥行き感が出ます。③と④は実際は同じような位置から撮っていますが、見比べていただければ、奥行き感の差が歴然としていることがおわかりいただけると思います。

　同じく奥行き感を出す工夫としては、⑤のように学生の肩越しから先生を撮るような構図が考えられます。画面上の両者の大きさの差が際だった遠近感を出す効果を生んでいます。

　このように教室という限られた空間の中であっても、構図の取り方次第で見え方は本当に違ってきます。自分が狙った映像をどう撮っていくのか、構図の取り方を意識しながら、撮影を行ってください。

1：カメラワークの基本

写真5-3 ゼミの風景も構図の取り方次第で変わる

①

②

③

④

⑤

撮影の際に動き回ると、映像がブレてしまうと思うのですが、その場合はどう対処すればいいですか？

　まず、「撮影は足を使う」と言った意味ですが、最初に構図を決める際にはよく動いて検討した上で、ポジション → アングル → サイズと決めていきましょう、ということです。

　そこで一旦、ポジションを決めたら、あとは三脚を使って、カメラを固定した上で撮影をするというのが原則です。

　被写体が動かない場合はこうした考え方で問題はないはずです。

　一方、問題となるのは、被写体が動く場合。たとえば、人の動きが激しいデモ行進などの撮影では、三脚は使えません。

　ただ、このような場合は、むしろ多少のブレがあった方が、臨場感が出てくる効果があるので、そちらの方を優先して、多少のブレは仕方がないと我慢します。

　最近では、手ブレを防止する専門的な機材があって、テレビの世界ではカメラマンはこれを装着した上で、動いている被写体とともに動きながら撮影するといったことを行っています。

　ただ、一般には売り出しているものの、まだ特殊な機材でもあるので、あまり普及はしていません。

　そこで、アマチュアでもできる簡単な対処法を以下、いくつかあげてみます（写真5-4）。

・カメラは両手でしっかりと持つ
・右手はカメラを横から支え、左手は下から支える
・カメラを持つ手の両脇をしめる
・カメラは自分の体にできるだけ近づけて固定する

写真5-4

カメラは両手で、脇をしめて、体に近づける

　最近では一般向けのカメラでも手ブレ防止機能が付いているので、こうしたことをするだけでも、状況はかなり改善されるはずです。
　さらに、手持ちのカメラで移動しながら撮影する場合には、手はカメラを固定したまま、足腰を意識して使い、忍者が音を立てずに移動するように上下の動きをできるだけ抑えつつ撮影するのです。

▶カメラを動かしながら撮影する手法

　フィックスに対する手法として、カメラを動かしながら撮影する手法がいくつかあります。
　中でもよく使われるのが、「**パン**」（Pan）という手法です。
　カメラを水平方向に動かしながら撮影する手法で、広々とした風景や横長の被写体を撮る際に用いられ、通常より横長に撮影されたパノラマ（Panorama）写真が語源とされています。
　水平方向のパンに対し、垂直方向に動かしながら撮影することを**ティルト**（Tilt＝傾ける）と言います。「ティルト－アップ」「ティ

> 写真5-5

人物の登場シーンでよく使われるティルトーアップ

① 足元からスタートし

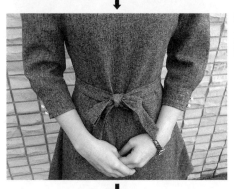

② 上方向へとカメラを動かし

③ 最後は顔のアップ

ルト－ダウン」などと呼んでいます。
　とくに、足元から顔へと上方向に動かしながら撮るティルト－アップは人物を紹介する際によく使われており、その人物の登場に際して視聴者の期待をあおる効果があります（写真5-5）。
　ただし、本来の意味とは違うのですが、ティルト－アップ、ティルト－ダウンを、それぞれパン－アップ、パン－ダウンとも現場では言っています。このあたりはあまり厳密ではないようです。

　「**ドリー**」（dolly）は英語の手押し車から来ている言葉で、カメラを台車に乗せて、台車を動かしながら撮影する方法を指します。
　そこまで大がかりでなくとも、三脚の脚に車が付いているものもこれに当たります。あるいは、台車に乗せなくても、手持ちでそれと同様の動きをする場合でもドリーと呼んでいます。
　このほかに「**クレーン**」と呼ばれる手法もあります。その名の通り、クレーンを使って高い位置から撮影する手法です。
　最近では、遠隔操作のできる無人ヘリコプター、ドローンによる撮影が普及してきましたが、これなどもクレーンと技法的には同じと言え、大幅に映像表現の世界を広げています。

　以上がカメラの動かし方によるカメラワークの基本形ですが、このほかに、ズームレンズを使った撮影手法として「**ズーム**」があります。
　被写体に迫っていくのが「ズーム－イン」、被写体から徐々に引いていくのが「ズーム－アウト」として区別しています。
　ズーム－インは視聴者を被写体に注目させる効果があります。
　一方で、ズーム－アウトは周囲の景色を徐々に意識させていくことから、被写体が置かれている状況を説明する際によく使われます。

　さらに応用技として、パンとズームを組み合わせた「パン－ズーム」という手法もあります。パンをしながらカメラのレンズをズー

ム－インして撮影するものです。

　ズーム－インしながらカメラを動かすことで、次第に余計な物がフレームから消える一方で、動きが速くなる効果があり、場面転換のシーンでよく使われます。

　このほかにドリーとズームを組み合わせた「ドリー－アウト（イン）」もまれに使われることがあります。

　こうした"合わせ技"は撮る人間のアイデア次第と言えます。

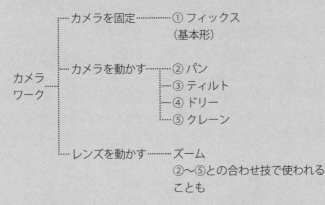

この節のPoint

★ カメラワークはフィックスが基本。時にカメラやレンズを動かす

```
                 ┌─ カメラを固定 ────── ① フィックス
                 │                        （基本形）
                 │
                 │                   ┌─ ② パン
カメラ ──────────┼─ カメラを動かす ──┼─ ③ ティルト
ワーク           │                   ├─ ④ ドリー
                 │                   └─ ⑤ クレーン
                 │
                 └─ レンズを動かす ───── ズーム
                                         ②～⑤との合わせ技で使われる
                                         ことも
```

★ 構図はポジション → アングル → サイズの順で決めていく

★ カメラを動かすやり方はアイデア次第で様々な組み合わせがある

2 制作意図から考えるカメラの位置

▶ どの立場からメッセージを伝えたいかでカメラ位置を変える

　芸術作品は別にして、現実社会で起きている何かを伝えようという映像の場合、単に被写体がきれいに撮れていればいいというものではありません。

　ディレクターが訴えたいメッセージ（制作意図）を視聴者に対して効果的に伝えているか、が良し悪しの基準となるのです。

　とすれば、制作意図が違えば、撮り方も変わって当然です。

　ここでは制作意図から来るカメラの位置取りの話をしたいと思います。

　2008年の北京オリンピックに先立って、アテネから北京まで聖火のリレーが行われました。

　ただ、途中、チベット騒乱での中国政府の対応に対する抗議活動が相次ぎ、とくにフランスのパリでは途中で打ち切られる異例の事態となりました。

　この模様はニュースで連日放送されましたが、この模様をどこから撮るかで、視聴者に対する印象は違ってきます。

　通常のニュースでは、聖火ランナーとデモをしている集団の双方が映るよう俯瞰した位置から撮ります。

　こうした立ち位置から撮ることで、第三者的、客観的な映像となるからです。

　これを仮にランナーのすぐ後ろで伴走しながら撮ったとしましょう。

　そうすると、ランナーとほぼ同じ目線の映像になります。それを見た視聴者は、抗議する人が横から飛び出してきたり、物が投げられたり、自分に向かって何か危害が加えられるような感覚になるでしょう。

客観的なニュース映像ではこういう撮り方は避けることが多いのですが、ランナー個人にスポットを当てたドキュメンタリー映像なら、ランナー自身と同じ目線になる、こうしたカメラ位置からの撮り方も考えられます。

身近な例でも同じ事が言えます。
たとえば、ふたりの人物が言い争いをしているシーンを考えてみてください。
それを当事者の視線として撮るのと、第三者の視点として撮るのとでは、見え方が全く違ってきます。

写真5-6 ①の写真は当事者からの視点で撮られたもので、自分に向かって攻撃されているような主観的な感じが出てきます。

写真5-6
言い争いもカメラ位置次第で見え方に
大きな違い

①

②

一方、②の写真は、第三者の視点から撮られたもので、AさんとBさんが口論しているといった客観的な映像となります。

　このように、どの位置から撮るかは、作品全体を通じてどの立場からメッセージを伝えようとしているのか次第で変わってきます。ディレクターはこのことを常に意識して撮影に当たる必要があります。

▶映像にも人称表現がある

　皆さんは、1人称とか3人称という言葉をお聞きになったことがあると思います。
　とくに英語の文法の授業で、1人称はIまたはWE、3人称ならHE、SHE、IT、THEYが主語になるといった話の中で出てきますね。
　英語に限らず、会話や文章の世界では、

　　1人称：自分および自分と同じ範疇にいる人たち
　　2人称：聞き手、自分が向き合っている相手（複数も）
　　3人称：話し手と聞き手以外の人物

と定義されます。
　単に文章というだけではなく、文学の世界でも人称表現を意識した作品づくりが行われます。
　つまり主人公になりきって、その視点から表現するか（1人称）、あくまで客観的に主人公をとらえた文章とするか（3人称）です。
　ちなみに、2人称的な視点で書かれた文学というのは、あまり数が多くないようです。
　1人称型の文学で、最も有名なのは夏目漱石の『我が輩は猫である』でしょう。
　「吾輩は猫である。名前はまだ無い」という書き出しで始まるこの小説は、全編を通して吾輩（猫）の視点から見ての人間社会を描き

写真5-7
自分と同じ目線の映像を手軽に撮れる
ウェアラブルカメラ

わかりにくいが、フレーム部分にカメラが内蔵されている

出しています。

　このように1人称型の小説では、私が主語となって、語りかけるような表現の作品となることが特徴です。

　一方、3人称型の文学では、主人公を第三者の視点から客観的にとらえたような形になります。

　歴史小説でたとえれば、主人公自身の視点から江戸の街を歩いているような表現のものが1人称型。これに対し、主人公を歴史の中で客観的に評価しようとするような表現のタイプが3人称型となります。

　実はこれと同じことが、映像の世界でもあてはまります。

　自分の目線と近い位置にカメラを持って撮っていけば、1人称的な映像表現になります。

　この場合、物事を主観的にとらえるような作品に適しています。

　こうした手法による近年の代表例が、砂田麻美監督の『エンディングノート』（2011年、「エンディングノート」製作委員会、写真5-8）です。

　この作品は、ガンの宣告を受けた父親の「終活」の様子を、実の

娘である砂田氏が手持ちのカメラで撮りためた映像をもとに作られました。

これなど、娘（私＝監督）の視点から父親の終活を描いている、家族の映像日記ともいえ、独特の味を出しています。

また、NHKの海外紀行番組『世界ふれあい街歩き』は、世界の街をあたかも視聴者が旅人として訪ね、まさに街歩きをした際に目にする風景といったシチュエーションを意識した1人称型の撮影が行われており、独特の味を出しています。

一方、中立性を重視したニュース映像は、当然ながら3人称的な撮影スタイルが通常とられます。「あなた目線」と言える2人称型については、文学に関してはあまり例がないと先に触れました。映像についても例をあげるのが難しいのですが、最近登場してきた、いわゆる「自撮り」が2人称型と言えるのかもしれません。

これについては、可能性がないわけではないので、今後、どのような表現が生まれてくるのか、アイデア次第であると思います。

このほかにドキュメンタリーの種類によっても撮り方が変わってくる場合があります。

以下、いくつかのパターンをあげておきましょう。

- ・論争型　　論争しているAB両名を、Aを左から、Bを右から撮る
- ・追跡型　　リポーターや取材対象を追跡する形でカメラも走り、視聴者を引き込む

写真5-8
"1人称型"ドキュメンタリー映画『エンディングノート』

娘（監督）の目線から撮影、父親の終活を記録している

- 定点観測型　四季の移ろいや、（特定の空間の）人間模様など
　　　　　　　カメラを特定の位置に固定して時間をかけて撮る
- 証言型　　　著名人の証言に基づく場合、証言する人物が際だ
　　　　　　　つように背景を暗くするなどして撮る

この節のPoint

★ どこから撮るかで見え方は大きく変わる。それだけにどこから撮るのかを常に意識する

★ 映像にも、人称表現を意識した撮り方がある

★ 事象を客観的なスタンスで伝える場合は、全体が俯瞰できる位置から撮る
＝３人称型

★ 事象を特定の人物の視点から伝えたい場合は、その人物と同じ目線となる位置から撮る
＝１人称型

★ 最近登場してきた、いわゆる「自撮り」は２人称型スタイルのはしりか

★ ドキュメンタリーの種類によっては特別なカメラ位置から撮る

3　構図の取り方の実際

▶まず水平線の位置を意識する

　実際に撮影する場合、①ポジション→②アングル→③サイズの順で構図を決めていくことは先に述べましたが、このうちアングルを決める際に重要な要素となるのが、水平線をどの位置に持ってくるかです。

　よく例にあげられるのが、海の映像です。
　まさに水平線を画面の中のどの高さに持ってくるのかで、絵柄は変わってきます。海と空との比率をどれくらいにするか、と言い換えてもいいでしょう。

　これを具体的に考えていきましょう。
　写真5-9の一連の写真は公園にある噴水です。
　普通に撮ると①のようになるでしょう。水平アングルのミディアムショットです。周囲の情報はほとんど入っていません。
　これをややハイアングルから、手前の路面を意識的に入れるように撮ったのが②です。
　これに対し、ややローアングルから、背景の樹木や壁を入れるように撮ったのが③です。
　こちらは噴水の周囲に何があるかがよくわかる構図です。ポジションは②と同じですが、印象は全く異なった映像になります。
　ここで3枚の画像に関して、黒く丸い噴水の下部を水平線として意識してみましょう。
　①は全体の構図のほぼ中央に水平線が来ています。②は上3分の1ぐらいの高さ、③はかなり下に水平線があることに注目してくだ

写真5-9
水平線の位置を意識して構図を決める

①

②

③

さい。
　このように水平線の位置をどこに持って行くかで視聴者に与える印象は大きく異なってくるのです。

▶特定の意図を持った構図

　次に、少し応用編となりますが、奥行きの出し方について、説明

します。

　基本的には被写体の手前に何かを入れることで（テレビの世界では俗に「引っかける」という）、遠近感による視覚的効果が生まれ、印象的な映像となります。

　例えば、写真 5-10 の①は同じ噴水の映像ですが、手前に木の枝を入れて撮るだけでも、被写体との距離感が出ます。

　②は手前のレンガ貼りの路面をなめる位置から撮っています。噴

写真5-10
奥行きを出すための撮影の工夫

水は①よりもかなり遠くに映っています。ただ、実際のポジションは①、②ともほぼ同じです。

③は水路の上、かつ水面に使いローアングルから噴水を撮っています。水路の両脇にある壁面により遠近感が強調されます。

また、最近ではオープニングタイトルの背景に映像を入れることが多くなっており、あらかじめタイトルを入れるスペースを考慮した撮影も時に求められます。人物のコメントを入れるならスーパーを置くスペースも同様に確保しなければなりません。

たとえば、普通に人物を撮影すれば、写真5-11の①のように中央に人物を置くスタイルになります。ただこれでは、編集段階でタイトルを置こうとした際、中途半端になってしまいます。

一方、②は人物を画面の隅に配置して、タイトルスペースを意識

写真5-11
タイトルスペースを意識して構図を決める

① 普通の構図

② タイトルスペースを意識した構図

的に作っています。

　このように、どのような撮影意図の作品の中の、どこで使うか次第で、構図は変わってくるものだ、ということを覚えておきましょう。

> | こ | の | 節 | の | P | o | i | n | t |
>
> ★ アングル決めの際は水平線の位置をどこに持ってくるかを意識する
>
> ★ 奥行きを出すには手前に何かを"引っかける"と良い
>
> ★ タイトルスペースやスーパーを意識した構図も時に必要

4　自然光を味方にする／音の録り方

▶撮る時間帯により印象が変わる

　昔のテレビの世界で撮影と言えば、大きなカメラとともに、強い照明をたくなど、非常に物々しいイメージがありました。

　しかし、現在の撮影現場では、カメラの性能も格段に向上し、照明を使うことも少なくなってきました。

　必然的に、自然（太陽）光をどう使うかを意識せざるを得なくなってきています。

もともと機材や人数の面で制約の多いアマチュアの場合は、まして こうした傾向が強いと思います。
　太陽の光は時間帯によって全く異なる様相を見せます。
　早朝は非常にまぶしく、また、すがすがしくもあります。一方で、夕暮れ時ともなれば、同じ場所でも、どこか寂しげで、感傷的になってしまいます。
　さらに、一口に早朝と言っても、日の出前、日の出、日の出後ではそれぞれ趣が違います。
　日の出前は朝焼けで荘厳な感じ。日の出時はオレンジ色の太陽の光が非常に強く、日の出後は真横から光が当たり、顔の陰影がくっきりと出ます。
　ディレクターとしては、こうした太陽光の特質を頭に入れつつ、撮影に当たる必要があります。
　元気でハツラツとした人物の映像を撮りたいと思ったら、夕暮れ時よりも日中の時間帯がいいということになりますね。
　一方、人物が悩んでいるようなシーンを撮りたいと考えたら、夕暮れ時が効果的です。
　もちろん、明日に向かってがんばろう、といったシーンを夕暮れ時に撮ることも考えられます。
　いずれにせよ、太陽の光を演出上、どう使うかといった意識を持つことが大切です。

　時間帯はしっかり考えて設定した、とすると、次は太陽の位置を確認して被写体をどう撮るかを考えることになります。

　写真 5-12 の①の写真は、人物を太陽に正対させて撮影したもので、とくに意図がなければ、通常はこのパターンで撮影します。
　これに対し、②は太陽が人物の右側にあって、顔に陰影が出ています。陰影が顔に出ることで、視聴者には人物の内面の陰までを感じさせることになります。

写真5-12 太陽の向きによる印象差

① 太陽に正対
——通常の撮り方

② 太陽が真横
——顔に陰影が出る

③ 後ろに太陽
——どこか神秘的

　③は太陽が人物の背後に、つまり逆光なのですが、あえてこう撮ることで、頭の輪郭部分が光で覆われるようになり、どこか神秘的な感じが出ます。
　普通のニュースであれば、顔がはっきりわかるように顔全体に光が当たった①を使うのですが、ドキュメンタリーでディレクターが何らかの意図を出したいと思ったら、②または③を使うことを考えてもいいでしょう。

▶音への意識も忘れずに

　最後に、音についても少しだけ触れておきます。
「音を録る」ということに関しては、アマチュアの場合、カメラの内蔵マイクで録ることが多いためか、ほとんど意識していないことが多いように思われます。

　ただ、せっかくの映像も音がしっかり録れていなければ使えません。仮に内蔵マイクを使う場合でも、できることならカメラにイヤホンを付けて、音声の具合を確認しながら撮影しましょう。

　また一口にマイクと言っても、特定の方向の音のみを録る指向性の強いタイプから、周囲の音を広く拾う無指向性のものまで千差万別です。自分のカメラの内蔵マイクがどれほどの指向性を持つのかを確認しつつ、場合によっては外部マイクの活用も考えるべきでしょう（写真5-13）。

　さらには、音声だけを別に録る、という考え方もあります。

　たとえば、海のシーンで、映像とは別に、波の音だけをひたすら録っておく。そういった音の素材があれば、その音をベースに、何種類かその海の映像をつなぎ合わせるといった編集ができます。

　また、ピアノなどの演奏会では、一連の曲全体を区切ることなく録っておくといいでしょう。

写真5-13　外部マイクの活用

インタビュー中にカメラを振ると、内臓マイクも一緒にその方向を向くので、音声が入りにくくなる。このとき、外部マイクを使用し、取材相手に向けたままカメラを振れば問題は解決

後で加工して途中に様々なシーンを入れるにしても、演奏が細切れになっていては、編集上、苦労することになるからです。

※ 音楽を使用して公開する場合、著作権のある音楽かを事前に調べておく必要があります。

| こ | の | 節 | の | P | o | i | n | t |

★ 自然光の特性を意識して撮影する。早朝と夕暮れ時を効果的に使おう

★ 太陽の位置を確認。あえて逆光での撮影もある

★ 「音を録る」ことも忘れない

Part 6
本構成を考える
―― 作品の詳細設計図を作る ――

撮影が終わると構成を確定させて(本構成)編集作業に入ります。ここからの作業をポストプロダクションと言います。

1 本構成に入る前の作業

▶素材の確認——ラッシュ

　取材（撮影）が完了したら、カメラからパソコンの映像編集ソフトに素材を取り込んで編集の準備に入ることになります。

　ここで撮影された素材のすべてを取り込んでもいいですが、その前に編集で使いそうな素材のみを選んだ後に、取り込み作業を行うといいでしょう。

　このような映像素材を事前にチェックする工程を「**ラッシュ**」と言います。（TBS の報道局ではこの工程を「プレビュー」と呼んでいますが、ラッシュの方が一般的なようなので、本書では以降、後者を用います）。

　さらに、ラッシュをして、どこに何が記録されているか一覧表にしたもののことを**ラッシュ表**と言います。ラッシュ表は、どの部分の映像が使えそうか品定めをする際に有用です。

写真6-1
カメラとパソコンをつないで映像を取り込む

ラッシュで素材の選別をしてから必要な映像を取り込む

表6-1 ラッシュ表の例——NPOに参加した学生に対するインタビュー

NPO学生会員インタビュー　　　　　撮影日＝20××年○月△日

タイム	コメント内容	ラップ	評価
0：00	Q1: NPOに参加したきっかけは？		
0：10	就活前に社会とのつながりを作っておきたいと思っていたところに、大学の先生からこのNPOの活動を紹介された	0：10	△
0：45	マスコミを志望する場合、このような活動はアピールできるだろうと思った。たとえダメだとしても自分のためにはなるはずだと	0：35	○
1：10	Q2: 具体的に何をやりましたか？		
1：20	春のイベントに関する広報用ニュース映像の制作を5本。それとやはり広報用インターネットラジオのパーソナリティを…	1：30	△
2：50	Q3: ここでの活動が就活にどう役立ちましたか？		
3：00	NPO活動をしていると言うと、面接者に「意欲的な子なんだ」と思われた	0：45	△
3：45	インターンをやっている人は多かったが、NPOに参加までして活動している人は少なく、アピールができた	0：50	○

　ラッシュ表は、それほど素材量がなければメモ程度のものでいいですが、量が多いようなら、映像内容（インタビューであれば話した内容も）と時間（スプリットタイム）やカットごとの長さ（ラップタイム）などを記しておく（表6-1参照）と後々便利です。

　一般的に、スプリットタイムとは最初からの合計時間のことを指します。ラップタイムとは、あるところからあるところまで限られた部分の時間を指します。マラソンの中継で、そのような言葉を聞いたことがあるでしょう。

　これがラッシュ表においては、スプリットタイムとはビデオテープ（ディスク）の最初からの時間、ラップタイムとはカットごとの

長さを指します。

　撮りためた映像を見返すと、取材時には良いコメントを取れたと思っても、たまたまその時相手があさっての方向を見ていたり、救急車が近くを通るなど外部の雑音がかぶったりして、使えない場合もあります。あるいは機材のトラブル等で全く撮れていなかったりもします（映像そのものがない！）。

　逆に取材時の印象は薄くても、後で映像として見てみると、いい表情で心に残るコメントが記録されていることもあります。

　こうしたことをこの段階で改めて確認しておきましょう。

▶「音UP」を選ぶ

　ラッシュでは、いい映像が撮れているかをチェックすることはもちろんですが、「音」のチェックも忘れてはなりません。

　ここでの音とは単に環境音やインタビューでの声の入り具合ということではありません。作品のテーマから見てぴったりなコメント、重要なコメントという意味での音のことです。

　TBS報道局では、こうした重要な意味を持つコメントを、「音UP」と呼んで重視しています。

　ラッシュでそうしたコメントを見つけると、「この部分は音UPでいこう！」という感じになるのです。

　ニュースやドキュメンタリー番組の場合、映像に付随する音をそのまま流すカットと、ナレーションをつけるために映像に付随する音のボリュームを下げるカットが交互に並びます。

　音UPとはもともと、映像に付随する音をそのまま流す（場合によってはボリュームを上げる）カットとして使うという意味から来ており、視聴者に意識して聴いてもらいたい部分ということです。

　逆に、それほど音を際だたせる必要がなく、ナレーションをかぶせてもいいカットについては「BGレベル」と呼んでいます。BGM、すなわちバックグラウンドミュージックのように、控えめ

のボリュームでいいという意味です。
　ちなみにこれを「オン」、「オフ」と呼んでいる部署や局もあるようです。
　ラッシュ表には、こうしたチェック項目を意識しつつ、素材の善し悪しの評価を記録していきます。
　文句なく使えそうなら「○」、他に良いものがないようなら使うかもしれないという程度なら「△」、使えないものには「×」を付けておくと後々の作業に役立ちます。

　こうした作業により、映像素材をまず「部品化」することが編集の第一歩となります。
　部品をしっかり把握してこそ、いい編集ができます。地道な作業ながら、ディレクターにとって決して人任せにしてはならない作業と言えるでしょう。

この節のPoint

★ 撮りためた映像を見返して評価する（ラッシュ）。量が多ければ、表にする（ラッシュ表）

★ 映像のみでなく、内容の評価も忘れない。重要なコメント、「音UP」を見つけ出す

★ 撮り貯めた映像のチェックは他人任せにしない。素材をしっかり把握してこそ、いい編集ができる

2 本構成の実際

▶本構成は作品の詳細設計図

　構成表が映像作品作りの鍵になるということは、すでに何度も触れてきましたが、撮影が終了したら、いよいよ編集に入る前に構成表を確定させることになります。

　本書では説明の都合上、これを**本構成**と呼び、最初の段階の粗構成とは区別しています。

　テレビの現場の中には、こうした呼び方の区別をせず、ただ「構成」と呼んでいる部署もあります。

　なぜかと言えば、アイデアを書き留めたものぐらいのレベルから取材と撮影を進めていくに従って、少しずつ構成表に修正を重ねて、最後の段階では詳細なものに仕上げていくというシームレスな（切れ目のない）作業をしているケースが多く、作業を明確に区別していないためです。

　ただ、最初のアイデアレベルの構成表と、編集に入る直前のものでは明らかに異なるので、ここでは区別することにします。

　本構成は、作品の詳細設計図です。編集作業を想定しつつ、どのタイミングで、どの映像をどれくらいの長さ使い、どのようなナレーションを入れていくか、できるだけ詳細に記入していきます。

　とはいえ、実際にテレビ局では、短いニュース映像を作る程度であれば、細かい構成は書かずに原稿だけを手元に、いきなり編集してしまうことも少なくありません。

　アマチュアの場合でも、1〜2分の展開する場面が少ない作品で、かつある程度、編集慣れしている人であれば、わざわざ構成表など書く必要はないでしょう。

写真6-2
実際に番組のもととなった構成表（本構成段階）

座りインタビュー	音アップ　ヴィタリー・マンスキー監督　15秒 「我々は、空港で 　パスポートを取り上げられー 　監視役の付き添いがないと 　ホテルを出ることもできなくー 　走る車からも、 　撮影が認められなかったです」	
写真 （監督 in 平壌） ※映画も少しみせる？	N）2014年、撮影のため平壌に入った、 ヴィタリー・マンスキー監督。 限られた条件下での撮影になるのは 覚悟していたが 想像以上の厳しさだった。	どの映像を使い、どのようなナレーションを入れるか、詳細に書き込まれている
写真（撮影風景など）	N）ロシアと北朝鮮の友好関係の中で 実現した計画のはずだったが	

　ただし、長い尺の作品となると、そうはいきません。伝えたいことを意識しながら、筋の通ったストーリー展開を踏まえた編集をしようとすれば、本構成（表）はやはり欠かせないのです。

▶長尺ものも数分のかたまりから

　映像素材を準備したら、パソコン上で映像編集ソフトを開いて、いよいよ編集に入るわけですが、実際にやってみると、家庭用パソコンの画面の大きさなどの制約から、5分を大きく越える映像の編集は難しいというのが経験者の実感ではないでしょうか。

　もちろん、ソフト上は10分を越える長さでも編集できますが、10分を越えると、最後の場面を編集している頃には、最初の方がどうなっていたか頭の中が怪しくなってしまいます。

　確認するにしても、ひとつの画面には収まりきらず、カーソルを延々とスライドさせる必要があります。

　このため、一連のストーリーを考えた上で編集する際は、数分の単位をひとつのかたまりとして編集するのがいいように思われます。

　この程度の長さであれば、頭の中で自分が何を伝えたいのかはっきりしていれば、わざわざ構成表を作らなくても編集できます。ま

映像の単位
―― カット、シーン、シークエンス ――

　映像編集の工程では、カット、シーン、シークエンスという単位が意識されます。

　ひとつひとつの映像素材を**カット**、カットをまとめて意味のある流れにしたものが**シーン**、シーンをまとめてさらに大きな意味を持たせたかたまりが**シークエンス**です。

　文章で言えば、カットが句点で区切られた文。シーンが段落。シークエンスが複数の段落で構成された節と例えられます。

表6-2　映像における単位名称と意味

映像の単位名称	意味	文章に例えると
カット	直訳すると、「断片」「一切れ」。ひとつひとつの映像素材を指す	文
シーン	直訳すると、「場面」「光景」。複数のカットからなる1場面	段落
シークエンス	直訳すると、「連続」「筋道」。複数のシーンからなる一連の展開	節

た作るにしても、そう頭を悩ますことはないはずです。

　短い作品はこれで良いとして、問題は長尺ものです。30分あるいは1時間にも及ぶ作品について、構成表も作らず、一気に編集するとなると、プロでも至難の業となります。

　ではどう作るか。本構成表という設計図を作るにしても、作るに当たってどう考えるか、です。

　一方で、先に述べたように、人間の作業である以上、一気に編集

図6-1 長尺作品は串団子を作る要領で

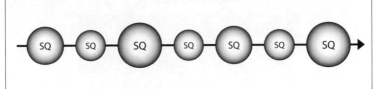

緩急を意識しつつ、一貫したテーマでシークエンス（SQ）をつなげていく

できる長さにはおのずと限界があります。

そこでこうした場合には、数分の短いかたまりを基本的な単位として、それらをひとつのテーマのもとにつなげることで最終的な作品に仕上げるようにするのです。

小さなお団子をいくつか作った上で、それらについて作品全体を貫くテーマという串を刺して串団子を作るようなイメージです（図6-1参照）。

専門的な言葉を使えば、シークエンスをひとつの単位として仕上げ、それをつなげることで最終的な作品とするのです。

本構成を作っていく段階では、最初からすんなりと筋書きが決まる訳ではありません。「最初にどのシーンを持ってきて、次にどのシーンを持ってきて…」などといろいろ思案しなければなりません。

文章であれば、ワープロソフト上で、まずこんな話、次にこんな話などと箇条書きにしつつ、それらの順番を並べ替えて筋書きを考えてから、長い文章を作っていく人も多いでしょう。

映像制作でも、同じことをやればいいのですが、集団で制作する場合には、多人数でパソコンの画面を眺めながらの作業となり、それもやりにくいです。

そこで、よくやる方法が、カードに使いそうなシーンを書いて、机の上に並べつつ順番を考えていくやり方です。これなら複数の人

写真6-3
筋書きを考える際には
カードや付せんを使うと便利

これなら複数の人間で議論する場合にもやりやすい

間で議論する場合にもやりやすいです。

あるいは、大きな紙に各シーンを書いて（シーンの重要度により、大きさを変える。つまりインパクトのあるシーンは文字を大きく目立たせる）、それを線でつなげていくようなやり方もあります。こちらはビジュアル的に一目でシーンの重要度がわかる利点があります。

▶リバース・エンジニアリングの発想で本構成を学ぶ

本構成づくりは細かなノウハウが多く、各論に入っていかなければ、なかなか説明ができません。

その各論をいちいち説明するのは、紙面の制約上できませんが、その学び方について、ここでは説明することにします。

製造業の世界では、設計図を入手しにくいような製品について、分解してその構造を分析するという手法があります。これを「リバース・エンジニアリング」と言います。

同じ発想で、実際に放送された番組を見ながら、構成表を作って映像と見比べれば、単にダラーッと番組を見ているよりも、どのようにして編集されているのか（組み立てられているのか）、その構

造がよくわかります。

　かつてNHKの名物ディレクターとして活躍した相田洋氏は、その著書『ドキュメンタリー 私の現場』（2003年発行、日本放送出版協会刊）の中で、こうした勉強法が有用だったと述べています。

「私は駆け出しの頃から先輩の作った名作や評判の映画をそうした態度で見るよう心がけてきた。借りてきたフィルムを検尺器に通してビューアーで見ながら1カット1カット、映像の内容と長さを書き取っていくのである」。

　検尺器とは時代を感じてしまいますが、家庭用のデジタル録画機が普及した今日では、こうした作業もそんなに手間がかからなくなりました。

　そこで実際に、これを全国のTBS系列局で放送されている人物ドキュメンタリー番組『情熱大陸』（毎日放送制作）を例にとり、見ていきましょう。

　この番組はＣＭや予告編を除いた正味の放送時間は25分程度。スタジオ収録はなく、ひたすら人物の日常をカメラで追い、語りかけるようなナレーションが加わるスタイルです。

　情熱大陸では2016年12月、釣り師の本波幸一氏を取り上げました。本波氏は北海道に生息、幻の魚と言われるイトウの大物を釣ることに執念を燃やしており、番組では彼の北海道遠征に密着し、その人物像に迫りました。

　この作品について、リバース・エンジニアリングの手法により、実際に放送された番組から構成表に起こしてみると、30分の番組もいくつかのシークエンスから成り立っていることが見えてきます（表6-3参照）。

　定番のオープニング映像の後、ＣＭ明けの1分25秒から2分20秒までの約1分間が最初のシークエンスで、タイトルを付けるならば、「本波幸一とは？──"釣り士"」となるでしょう。

　まず今回取り上げる本波氏とはどのような人物なのかがわかるよ

表6-3 『情熱大陸』本波幸一（2016.12.18 放送） 書き起こし構成表

タイム	シーン	主な内容
0：00〜0：00	OP	
0：25〜1：25	CM	
① 本波幸一とは？――「釣り士」		
1：25〜1：55	インタビュー中、ハエに気づいて（自宅？）	ナレ：「眼光炯々。そんな言葉を思い出すような鋭い目。睨まれたら逃げ場はない」 本波：鋭い目つきで静かにハエに近づき、たたきでパンッ！
1：55〜2：20	北海道の川べりにて	ナレ：「今年もまた北海道の川べりで1カ月を過ごした。 本波：遠くを眺めながらフゥーと深呼吸 ナレ「本波幸一。釣り師の師にあえて武士の士をあてる男」
② 本波の戦う相手とは？――幻の魚、イトウ		
2：20〜2：40	水中から釣り中の本人の姿	ナレ：「戦う相手は半世紀前に絶滅が噂された日本最大の淡水魚。人はそれを幻の魚という」
2：40〜2：50	イトウを釣り上げた際の本人写真	ナレ：「だが6年前、本波は体長1m12cmの大物を釣り上げ、釣り仲間を仰天させた」
2：50〜3：20	イトウの剥製→水中を泳ぐイトウUP	ナレ：「魚へんに鬼と書いてイトウ。（以下イトウの説明＋北海道での生息域地図挿入）」 ナレ：「魚類辞典には1m50cmまで育つと書いているが多くの学者は否定的だ」
3：20〜3：50	前線基地となる車の中で語る	ナレ：「そんなイトウはもういない。だが本波には確信があった」 本波：「まんべんなく河川を釣り歩いていると見えないものが見えてくる」

2：本構成の実際

3：50〜4：28	吹雪の中でも釣りに集中する本波	本波：「つららがついているだろう」 ナレ：「寒風吹きすさぶ北国の川。1.5mを超える大物をあげ、オレが世の中を驚かせてみせる」 ◆画面に「執念」の字を浮かび上がらせる
③ 普段の生活ぶり——		
4：28〜4：45	街頭スピーカーUP→自宅で芝刈り	◆街頭スピーカーから『あまちゃん』のテーマ ナレ：「岩手県久慈市。3年前、人気ドラマの舞台となった街に本波は暮らしている」

※ 放送された番組から書き起こし、独自解釈したもので、実際にはこうした構成表で番組は制作されていません。

う簡単に紹介、最後にナレーションで「釣り師の師にあえて武士の士をあてる男」とその人の特徴を一言で言い表した上で、次のシークエンスにつなげています。

次のシークエンスでは、本波氏が追い続けている獲物である幻の魚、イトウについて紹介しています。これを、イトウのアップの映像、本波氏が実際にイトウの大物を釣り上げた際の写真、あるいは釣りに集中する本波氏の姿などのカットで成り立たせています。

このように、実際の番組の本構成を分析すれば、長尺の番組でも数分のシークエンスから構成されているということが見えてきます。

先に触れたように、30分、1時間となると、どう作っていいかわからなくとも、この程度の長さの映像（シークエンス単位）作りならアマチュアでも具体的なイメージが湧くのではないでしょうか。

後はこれ（シークエンス）をどう並べればいいか、全体のテーマを考えながら、編集していけばいいのです。

このほかにも、詳細設計図（＝本構成表）を見ていけば、映像制作の細かなノウハウがクリアに見えてきます。

皆さんも好きな番組／作品について、本構成を書き起こして分析

してみるといいでしょう。自分がいいと思った番組の、具体的にどこがどういいのか、理由が明確になるはずです。

> **この節のPoint**
>
> ★ **本構成は作品の詳細設計図**
> ・編集に入る前に設計図を確定させる
>
> ★ **長尺作品は串団子を作る要領で**
> ・長尺作品も数分のシークエンスの連続としてとらえればイメージしやすい
>
> ★ **具体的な構成のテクニックはお気に入りの番組に学ぶ**
> ・書き起こした本構成表と番組を見比べれば、どこがいいのか見えてくる

3 ナレーションを考える

▶音UPとのバランスをとる

　カットをつなげる際には、取材映像ばかりが続いても、それが何を表しているのか視聴者には伝わりにくいことが多いです。そこでナレーションが必要になるわけですが、ここではナレーションの入れ方、書き方について、説明していきます。

表6-4 音UPとBGレベルのカットを交互につなげてバランスをとるテレビニュースの構成例（TBSニュースより）

> **タイトル：国際NGO企画のイベント、大学生ら若者が思いを訴える**
>
> ナレ： 東京都・港区で国際NGOが企画する「男性、女性それぞれが生きやすい社会を若者から発信する」イベントが行われ、大学生ら若者がそれぞれの思いを訴えました。
>
> 音UP： 「"女性だから"っていうのを無くしたいなと思ってます」（大学4年生Aさん）
>
> ナレ： これは、外務省が主催する国際女性会議WAWの一環として行われたものです。イベントでは「ジェンダー」＝社会や文化によって、つくられた「女性らしさ」や「男性らしさ」にとらわれず、「男性と女性が同様の権利、機会、責任が持てる」＝ジェンダー平等社会の実現を目標にしていて、NPOなどに携わる学生を中心としたグループ・6人が参加しました。6人は5日、東京都内に集まり、それぞれ本番でどんなことを発表するか打ち合わせました。
>
> 音UP： 「結構"意識高い系"というラベルを貼られてしまって……。（私は）何か自分には関係ないと思う人が結構いると思ってて……、全く興味ない対象者に対してどういう風にアプローチするのか……」（大学3年生Bさん）
>
> ナレ： 同じ若者に自分たちの取り組みを理解してもらえるか、不安な気持ちがのぞいていました。そして、本番では……

（2016年12月15日00:30付）

　まずナレーションの入れ方ですが、ナレーションばかりがずっと続いても説明口調でおかしいし、取材映像（インタビューなど）ばかりが続いてもまたよくわかりません。

　そこで、取材映像に基づく音UP部分とナレーションを流すBGレベルのカットを交互に並べて、バランスをとるようにするのがコツです。

　TBSニュースで実際の放送に使われた上のニュース原稿を見てください（表6-4参照）。

　どうでしょう。ナレーションと音UP部分が交互に並べられていることが一目でわかると思います。

写真6-4 TBSのニュースサイト

映像とニュース原稿が同時に見られる。ナレーションの書き方の参考に

　これはあくまでニュース原稿ですが、ドキュメンタリーでも考え方は同じです。このあたりを意識しながら、ナレーション原稿を書いてみてください。
　なお、TBSのニュースサイト（news.tbs.co.jp）では、ニュース映像とともに、その原稿を同時に見ることができます。ナレーション原稿の書き方を勉強する際に、参考にしてみてください（写真6-4）。

▶読み手の語り口を意識する

　映像制作というと、つい音声が軽く見られがちなのですが、実際には映像作品は映像と音声が一体となったものです。
　音声の中ではまず、ナレーション作りがあげられますが、一般の方の場合、ともすれば事実関係を伝えることだけに意識がいってしまいがちです。
　しかし、ナレーションも音声の重要な構成要素のひとつであり、音として認識することが大切です。
　そのためにはまず、誰がナレーションを担当するのかをイメージしてみましょう。
　たとえば、テレビ番組では有名俳優がナレーションを担当することもよくあります。

どの方も、語り口に強い個性を持っていて、皆さんでも「この人はこんな語り方をするよな」とイメージできる人ばかりだと思います。

実際の番組でも、ディレクターはナレーターの語り口を意識しながら、それに沿う形で原稿を書いたり、映像の構成を考えます。

言い換えれば、誰がナレーションを担当するかによって、作品全体のテイストが大きく変わってしまうことになります。

このため、それまで長く担当していたナレーターが交代したことで、番組のコンセプトあるいはテイストがガタガタになってしまうということも、テレビの世界ではよく見受けられます。

だからこそ、ナレーション原稿は書く段階から、誰がどのような語り口で読むのか、音としてのイメージを持ちながら書くことが大切です。それによって、当然、文体も変わってきます。

皆さんの周りでも、おっとりとした話し方だったり、まくしたてるような話し方だったりと様々なスタイルの話し方をする方がいらっしゃると思います。

自分の作品の目指す方向に沿った人選を考えてみてください。

ちなみに、文体は「である」調、「ですます」調、どちらでもいいのですが、どちらにするかは、全体でどのようなイメージを打ち出していくのか十分練ってから決めていきます。

ただ、「ですます」調に限定されるのが、ニュース番組の中でキャスター／アナウンサーがリアルタイムで原稿を読むような、いわゆる「生読み」の場合です。

キャスター／アナウンサーは通常、番組内では「ですます」で会話しています。同じ人（の声）がニュース映像の部分だけ「である」に変わるのはおかしいし、「ですます」の方が丁寧に聞こえるといった考え方からだと思います。

> **Q** ナレーターをどんな人にするかはディレクターひとりで決めてしまっていいのでしょうか。語り口が合っているかどうかは主観的なものだと思います。ディレクターの感覚が一般とズレていれば、ミスマッチしてしまうのではないでしょうか？

　これは、するどい質問ですね。おっしゃる通りです。テレビの現場でも、ナレーターの人選は常に頭を悩ますところです。
　ディレクター（あるいは番組の方向性に関して決定権を持つプロデューサー）個人で決めるのではなく、どのナレーターがいいか、制作スタッフの意見を聞いて、その中から決めている番組も実際にはあると思います。
　ただ、これは表現活動全般に言えることですが、多くの人の意見を取り入れれば、間違いのない選択となりますが、一方で、個性が失われて、差し障りのない、いわば可もなく不可もないような作品になってしまうという恐れがあります。
　そこで個人的には、多数決ではなく、主観を信じて選んだ方が良いと思っています。
　実際の番組ナレーターを見ても、実績のある人気俳優を起用するケースがあれば、無名でも個性ある人を起用するケースも見られます。無名の人を起用するというのは、ほぼ個人的な主観に基づく判断と言えるでしょう。
　アマチュアである皆さんの場合、チームの声を聞くということは大切だと思いますが、最後は自分（ディレクター役の人）の感性を信じるしかないと思って判断してください。

加えて、最近はスーパーを過剰と言えるほど入れるようになったため、間違うことは少なくなりましたが、同音異義語には注意しましょう。
　たとえば、一口に「かてい」と言っても、「家庭」「課程」「仮定」「過程」など様々な意味があります。あくまで音の世界なので、ひとつの文脈内で判断できないような場合、意味を取り違えそうな言葉を使うのは極力避けましょう。
　また、視聴者の誤解を避けるという観点から、ナレーションの文章はできるだけ短くしましょう。
　同様の観点から、テレビでは難しい熟語を避ける傾向があります。
　たとえば、「心情を吐露する」と文字では一目で理解できても、映像の場合は「気持ちを表す」ぐらいに言い直しておいた方が無難です。

この節のPoint

★ ナレーションは音UPとのバランスを意識する。どちらに傾いても作品が単調になる

★ 読み手の語り口を意識した原稿を書く。「映像」と「音」をなじませる

★ 視聴者の誤解を招くような表現に注意。同音異義語、長い文章、難しい熟語は避ける

課題例 3

具体的なケース（番組）をもとに
皆でディスカッションしてみよう！

　本章ではリバース・エンジニアリングの手法により、実際に放送された番組を本構成表とともに分析することで、細かな編集ノウハウが見えてくるということについて述べました。

　そこで皆さんも、実際に放送された番組から本構成表を書き起こしてみて、どこがいいのか、悪いのか、細かな編集手法を検証してみてください。

　授業では書き起こした本構成表と映像を見比べてみて、ポイントについては先生がノウハウを指摘したり、学生同士で議論をしたり、といったことをやってみるといいでしょう。

　番組はそんなに長くはない30分から1時間弱で完結するものがいいでしょう。具体的には皆さんが好きでよく見ているような番組から選べばいいと思います。

　大学院レベルですが、現実に法律や経営学系の学問領域では、事例に基づく教育（ケーススタディ教育）の導入が進んでいます。これと同じ発想で、映像作品についてもケース作りを進めて、教育現場に導入していけば、日本の映像制作教育も格段に向上するはずです。

Part

7

編集の技法
―― 最後に絵的思考で再検討する ――

本構成が確定したら編集に入るわけですが
ここで再度、絵的思考で再検討しましょう。
細かいところでは柔軟な対応が必要です。

1 編集作業の準備

▶**編集は生き物、絵的思考で再検討**

　本構成が決まれば、いよいよ具体的な編集作業となります。

　時間的な制約から分業制の進んでいるニュース制作の現場などでは、この工程では、編集機材を専門に扱う「編集マン」との共同作業となることが多いです。

　ふたりで構成表の内容確認から素材のプレビュー、作品でとくに重要となる「全体を通じて何を伝えたいか」を話し合うと同時に、冒頭の導入部分の映像素材の選択をどうするかなどの細かな打ち合わせもします。

　編集マンは単に編集機材を扱うのに長けているというだけではなく、最適な映像を効果的に使っていくという観点からディレクターに助言をしてくれます。

　ここで大切なのは、「編集は生き物」ということです。

　構成表に従って映像素材をつないでいくわけですが、実際の映像を見ながら、臨機応変に対応するのがよい、という意味です。

　実際、編集マンの視点が加わり、絵的な観点からその場で構成に修正が加わることも少なくありません。

　たとえば、作品中に、登壇者が討論するシンポジウムの模様を入れる構成だったとしましょう。

　ただ、それを入れるにしても、実際にどのような映像素材を使うか。会場全体が見渡せる引きの絵なのか、シンポジウムの内容がわかる横断幕のアップなのか、登壇者あるいは来場者の表情のアップなのか──。これらを、引きの絵、アップの絵のバランスに考慮しながらつなげていきます。

　事前に「ここからここへとつないでいく」と構成表上は想定して

いたとしても、いざ、つなげてみるとしっくりこないこともあります。
　たとえば、特定の人物に対するインタビューで、このコメントとあのコメントの部分をつなげたいと考えていたとしても、それが自然光の中で撮影された場合、時間の経過によって、影の位置や色調が全く異なってしまい、直接つなげると違和感が生じることがあります。こうした場合は、何か代替案を考えなければなりません。
　別の素材と差し替えるということがまず想定されますが、それができそうもない場合には、

　　ブリッジ（またはインサート）

という手法を取ることがあります。
　前後の映像の間に、別のちょっとした映像を入れ（ただし、音声のみはインタビューの声をそのままつなげる）、ダイレクトに違和感のある映像素材をつなげないようにするやり方です。

　また、ひとつの映像素材をあまり長く使ってしまうと、単調になってしまいます。
　そのため、途中に別の映像素材を入れることを考えるのも手です。本編の流れと関連した映像を数秒入れ込むだけで変化が出てきます。
　たとえば、インタビューの中に出てきた特別な物のアップだったり、話の全景が見えるような引きの絵だったり、別のカメラ位置から撮ったものだったり、こうした本編の流れに関連した付随する映像を

　　インサートカット

と言いますが、これを随所に入れ込んで作品にアクセントをつけることも考えてみましょう。
　テレビ局（とくに報道部門）ではこうした作業を編集マンというその道のプロフェッショナルの手を借りて行うことが多いのですが、人数が限られているであろうアマチュアの場合、ひとりでディレク

表7-1 編集作業では構成段階とは視点を変えてみる

構成作成段階	→	編集段階
論理的なつながりを考える		絵的なつながりを考える

ターと編集マンの双方の役割をこなさなければなりません。

本構成の段階では、ディレクターとして論理的なつながりを考えたわけですが、ここでは、編集マンとして絵的な観点から映像のつながりを再検討していくことが望まれます（表7-1）。

▶編集のあり方を変えたデジタル化

　幸いなことに、編集作業自体は機材のデジタル化によって、以前とは比較にならないほど簡単になりました。

　90年代の前半まで、テレビ局で編集といった場合、アナログのテープをダビングするようにして1本のテープにまとめていました。

　さらに、特殊効果を入れる場合には、そのための特別な編集ブースで作業が行われていました。物理的にやり直しが難しく、試しに冒険してみるといったことは躊躇されがちでした。

　それが今では、コンピュータ上でのデジタル編集が当たり前となり、試しにつなげてみてダメだったら別の方法を考える、と作業を何度も繰り返しできるようになりました。

　そればかりか、テレビ局にしかない特別な機材でなくとも、家庭用パソコンでの編集が可能となったことで、一般の方でも映像制作が簡単にできる時代です。

　このことはカメラの発達とともに、映像制作の作り手革命を巻き起こした大きな要因と言えます。

　具体的な作業としては、ビデオカメラをパソコンにつなぎ、編集ソフトを使って、パソコンのハードディスク内に必要な映像を取り込めば準備OK。

> **Q** アマチュアの場合でも、編集に長けた人間がいれば、ディレクター役の人間と分担してふたりで編集してもいいのではないでしょうか？

もちろんかまいません。

テレビ局（とくに報道部門）では分業が進んでいて、その道のプロである編集マンの方がいる一方で、ディレクターは限られた時間の中でほかの作業をしなければならなかったり、編集技術がそれほどでもない場合が多いので、分担しています。

ただ、アマチュアの方の場合は、そこまで分業をしなくてもいいのではないかという考えから、ここでは編集もディレクターがやるという前提で話をしています。

もちろん、身近に飛び抜けて編集に長けた人間がいるならば、分担しても問題はないでしょう。

Part 1 では制作工程全般について説明しましたが、その中で「第三者の公開前チェック」を入れることの重要性について述べました。

この第三者として編集マン役の人間が加わり、単に編集作業を手伝うというばかりではなくて、内容面の助言をしてくれるというメリットも考えられます。

すなわち、ディレクター役の人間の思いこみで説明不足となっている部分に追加の説明を加えるといったことや、逆にここは冗長で内容的にカットしてもいいのでは、といった助言をしてくれることが期待できます。

ですのでここは、編集に長けた人間がいるなら分担、そうでなければ、ディレクター役の人間自らが編集と、状況に応じてケースバイケースで考えてみてください。

写真7-1
タイムライン編集のイメージ
（Adobe Premiere Elements）

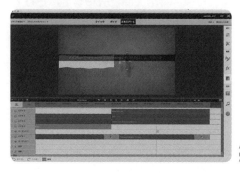

Adobe product screenshot reprinted with permission from Adobe Systems Incorporated.

　あとは文章作成ソフトなどと同じように動画編集ソフトを使って、映像と音をつないでいくことになります。
　動画編集ソフトは、有償無償、数多くのソフトが出ています。
　各ソフトとも、基本的には「タイムライン方式」というインターフェイスを使っています（写真7-1）。
　映像と音声がワンセットとなって構成されており、左から右へ時間の流れに沿って帯状に表示されます。
　映像の断片をこのタイムライン上に並べていけば、それだけで一本の作品になります。
　複数の映像や音を合成する場合にはそれぞれライン数を増やすことで対応します。
　たとえば、撮影と同時に録音された現場の音にBGMを重ねようとする場合、音声のトラック数を増やしてそこにBGMを並行して並べればいいのです。
　詳しい使い方については、ソフト別に詳しい解説本が出ていますので、そちらをご覧いただくとして、本書では以降、ディレクターとして知っておくべき編集の技法とその効果に絞って解説していくことにします。

> **この節のPoint**
>
> ★ 編集は生き物、絵的なつながりから再検討する
>
> ・引きの絵、アップの絵のバランスに考慮
> ・不自然な映像のつながりに注意、ブリッジ／インサートを考える
> ・インサートカットの挿入で単調さを避ける
>
> ★ デジタル編集が制作者の裾野を劇的に拡大
>
> ・タイムライン方式のインターフェイスで編集自体は簡単
> ・ディレクターはむしろ技法の効果についてよく知っておこう

2 つなぐ手法 ── トランジション

▶ディゾルブを使いこなす

　動画編集ソフトを使えば、タイムライン上にひとつひとつの映像素材を並べていくだけで一本の作品になってしまいます。

　普通につなげれば、一瞬にしてパッと場面が切り替わることになります（カットイン−カットアウト）が、つなげ方にちょっと工夫をすることで、特別な効果、印象を与えることができます。

　このように、映像と映像をつなげる際、特別な工夫を施すことを「トランジション」と言います。

　トランジションには、細かく見れば多くの転換の方法がありますが（写真7-2）、中でも代表的なのがディゾルブです。

写真7-2
動画編集ソフトではトランジションも
手軽に使いこなすことができる
（Adobe Premiere Elements）

Adobe product screenshot reprinted with permission from Adobe Systems Incorporated.

　英語の「dissolve」からきており、元来は「溶ける」、「溶解する」という意味なのですが、映像の世界では、前の画面が薄れる（フェードアウト）ところに、次の画面が徐々に見えてくる（フェードイン）転換の手法を意味しています。

　テレビ制作の現場でも、俗に「ディゾる」などと言われ、日常的に使われています。

　ただ、一口にディゾルブと言っても、細かく見ればその手法は多様です。

　前の映像をだんだん薄くしていき、一瞬、真っ白（または黒など）にしたところで次の映像が徐々に見えてくる「フェードアウトーフェードイン」がオーソドックスですが、前後の映像を少しオーバーラップして見せることもあります（クロスディゾルブ）。

　前者は比較的ゆったりとして余韻を出しつつシーンを転換する効果、一方、クロスディゾルブは前後の映像につながりを持たせる効果があります（写真7-3）。

　クロスディゾルブは、オーバーラップさせることから、現場ではオーバー（over）とラップ（lap）の頭文字をとって「オーエルする」とも言われています。

2：つなぐ手法

写真7-3
前後のつながり感が出るクロスディゾルブ

① 転換前

② 前後の映像が数秒だぶる

③ 転換後

前後の映像を重ねることでそのつながりが意識される

　たとえば、デモで拳を振り上げながら、スローガンを叫んでいた人物に、後日、インタビューをしたとしましょう。
　デモ中にスローガンを叫んでいた時の映像の次にインタビュー映像をクロスディゾルブでつなげた場合、前後のつながりが生まれ、あたかもその人が回想しているような一連の流れが生まれます。
　また実際に、写真7-3のようなケースでは、「別れた彼氏を回想

する女性」と言われれば、そう見えるでしょう。

　前後のつながりを意識させるクロスディゾルブに対し、「フェードアウト－カットイン」という手法もあります。

　前の映像が徐々に薄れて消えたところで、次の場面がパッと現れるもので、時間の経過、あるいはシーンの転換を視聴者に強く印象づける効果があります。

　とくに、カットインは、パッと映像が飛び込んでくるだけに、見ている人も新しい映像に意識が向かっていきます。

　フェードにどれくらいの秒数を取るかに関しても、工夫の余地があります。

　テレビで、ゆったりとしたつくりのドキュメンタリーなどでは、以前は3秒以上、フェードアウト－フェードインにかけていましたが、最近ではそれより短い秒数によるクロスディゾルブでシーンをつなげ、テンポ良く見せていくものが多くなっています。

　また、場面のつなぎ目となる（あるいは時間の経過を印象づける）、一瞬見える映像を黒とするか、白とするか（あるいはそのほかの色）でも視聴者に与える印象は異なってきます。

　ただ、様々な色と調和しやすい白を使うことがテレビ局では多いです。業界ではこれを、白をパカッと入れることから、「白パカ」と呼んでいます。

　以上は映像によるディゾルブの例ですが、音のディゾルブもあります。映像と同じく、音声を徐々に小さくしたり、大きくするものですが、特殊な例としては、「音先行」という手法があります。

　これは、映像に先行して、音声だけを前の映像にかぶせて入れていく手法で、雑踏や波、汽笛、デモの掛け声、インタビューなどの印象に残りやすい音で使われることが多いです。

　たとえば、戦争の体験談を語ったインタビューの最後に軍靴による行進の「カッカッ」という音をだぶらせ、実際の戦時中の映像に切り替えていくといったことが考えられます。

▶あえての技法──ページピール、カール、スライド、ワイプ

　ディゾルブが場面全体を徐々に消したり、浮き上がらせたりすることで切り替えるのに対し、映像をめくったり（ページピール／カール）、横にずらしたり（スライド、ドア）して場面を切り替えるやり方もトランジションの一手法です（写真7-4、7-5）。

　ワイプと言って、画面の斜め方向などから、元の画面を次の画面が拭き取るように転換する手法もあります。

　このようなトランジションは編集ソフトの発達で、一般の方でも簡単にできるようになりました。またその種類も非常に豊富です。

　ただし、実際に使う際はその効果をよく吟味しましょう。

　なぜなら、ディゾルブに比べて、トランジションはそれ自体の機械的な動きが前面に出てしまうためです。

　実際、映像制作に機材は欠かせませんが、それを視聴者に意識させるようなことは極力しない方がよい、という考え方もあります。

　それでも、特定の目的を持った場合には使われます。

　たとえば、人間の情感に訴えるようなことなく、機械的に順番に見せていくような場面です。

　NHKのニュースでは、以前、大相撲の結果を伝える際、ページピールを使っていました。

　大相撲では取り組みの勝敗表が複数になります。その画面切り替えの際にページをめくるようなピールを入れることで、表が切り替わったということが視聴者に視覚的にも伝わります。

　また、勝敗表から実際の取り組み映像に切り替わる際には、表の中央から破れて四方の隅にピールして取り組みの映像に移るといった使い方をしていました。

　エンタテインメントの世界でトランジションを効果的に使った代表例としては、1973年公開のハリウッド映画で、ポール・ニューマンとロバート・レッドフォードが共演した『スティング』があり

写真7-4
「ページピール／カール」による場面転換例

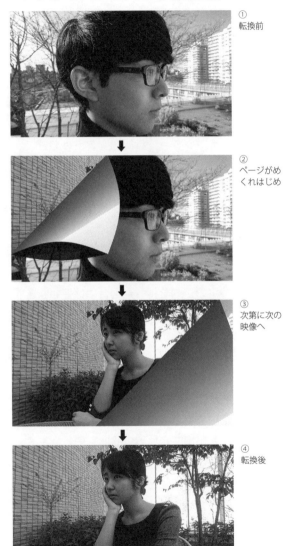

① 転換前

② ページがめくれはじめ

③ 次第に次の映像へ

④ 転換後

機械的な動きが意識される「ページピール／カール」使うシーンを選ぼう

2：つなぐ手法

> 写真7-5
「ドア」による場面転換例

① 転換前

② 中央から自動ドアが開くように

③ 次の映像が見えてくる

④ 転換後

自動ドアが両側に開いていくように場面転換する「ドア」片側から転換していく「スライド」の応用技的

ます。
　ここでは、場面転換の際に様々なトランジションをふんだんに使っています。
　同作品は1930年代のシカゴの暗黒街を舞台としており、当時の雰囲気を出すために、セットや衣装ばかりでなく、編集手法にも非常に凝っている点で特筆されます。
　戦前の映画ではトランジションがよく使われていました。ここでは、あえてこの手法を多用することで、編集的にも昔の雰囲気を醸し出す狙いがあったものと思われます。
　たとえば、作品中では、チャプターごとにタイトルとその時代風のイラストが挿入されていますが、前のチャプターの最後のカットをゆったりとフェードアウトして余韻を持たせつつ、一瞬、ブラックとなった後で、ゆっくりとフェードインしつつチャプタータイトル（イラスト）が表れ、そこからページピールで最初のカット映像に入る、といった流れになっています。
　この部分以外にも、劇中ではスライドやワイプなどもふんだんに使われています。
　こうした非常に凝った見せ方により、スティングは第46回アカデミー賞で編集賞（ほか作品賞など合計7部門）を受賞しています。

　このようにディゾルブ以外のトランジションは、特定の意図を持った「あえて」の手法と言えます。
　使ってはいけないということはもちろんありませんが、よく考えた上で使いましょう。

> **この節のPoint**
>
> ★ **トランジションで多用されるディゾルブ**
> ・様々なディゾルブの種類と効果を知り、うまく活用する
>
> ★ **あえての、ページピール、スライド、ドア、ワイプ……**
> ・ディゾルブ以外のトランジションは、「あえて」の手法
> ・機械的な動きが意識され、硬派なドキュメンタリー分野では避けられることも
> ・それでも利用する際は、「なんとなく」ではなく、目的意識を持とう

3 スーパーとMA

▶映像に文字や音声をなじませる

　おおよそ映像素材をつなぎ終えたところで、映像に字幕やロゴマークなどを入れる作業を行います。これをスーパーまたはテロップを入れると言います。

　スーパーとは英語のsuperimpose＝「重ねる」の略で、もともと映画の世界で、元になる映像フィルムと文字だけの字幕フィルムを重ねる作業を指していました。

　一方、テロップとはテレビジョン・オペーク・プロジェクター（＝Television Opaque Projector）を略したもので、テレビの映像に文字や図などを重ねる特別な機械の名称から転じたとされています。

実際に90年代の前半まで、TBSの報道局では、白いインクで手書きあるいは印字された文字を黒い台紙に貼ったものを読み込んで映像と重ねるといった作業をしていました。
　このため、スーパーは映画業界、テロップはテレビ業界で主に使われてきたのですが、現在では、デジタル化による作業自体の変質もあって、とくに区別されずに使われるようになっています。
　市販の動画編集ソフトでも、文字を入れることは容易にできます。
　ここでの作業は、画面に文字を重ねるといった感があり、もともとのスーパーの持つ語感に近いので、本書では以後、この作業について「スーパーを入れる」と呼ぶこととします。

　今のテレビをご覧いただければわかるように、スーパーはうるさいくらいに多用されています。
　画面の下辺にはキーワードやインタビュー内容の要約、インタビューの場合には両サイドいずれかには発言者の肩書きや氏名、左上隅には番組のロゴ、右上隅には企画タイトル、といったところが、各局ニュース映像の基本的なスーパーの配置です（写真7-6参照）。
　ただ、これをそのままアマチュアがまねる必要はもちろんありません。
　上隅に番組のロゴやコーナータイトルを入れるのは、視聴者がリモコンでチャンネルを頻繁に切り替えるザッピング対策上のことで、途中から見た人でも、これは何の番組でどういう内容なのかを瞬時に理解してもらうためです。
　テレビの場合は、過度な視聴率競争の結果としてこうなっているのであって、もともとはテレビの硬派なドキュメンタリーの世界では「必要以上にテロップ（スーパー）は入れるな」と言われてきました。ありのままの映像を見てもらうのが良い、との考え方からです。
　「なぞり」という手法も、最近では顕著です。
　インタビュー映像では発言中のキーワードぐらいは以前からもスーパーを入れてきましたが、最近では発言そのものをなぞるよう

写真7-6
テレビニュースに見られるスーパーの配置例

ここでは、左上に番組ロゴ、右上にコーナータイトル、左脇に肩書きと氏名、下にコメントを配置している

にしつこく入れる番組が目立っています。

　これはあるバラエティ番組が導入したところ、高い視聴率を得たため、ほかが追随し、一般化したものと言われています。

　ただ、スーパーをあまり多用してしまうと、発言者の意図を曲げて伝えてしまったり、視聴者の思考力の低下を招く恐れがあります。

　一般の方の場合、ザッピング対策など考える必要はなく、番組ロゴや企画タイトルの挿入などもそもそも不要でしょう。

　簡単にスーパーを入れられる時代だからこそ、安易に入れて、画面がうるさくならないよう気をつけて下さい。

　もちろん、「ここはこのキーワードを強調しておきたい」ということであれば、躊躇なくスーパーを入れましょう。

　NHKで放送されている『プロフェッショナル　仕事の流儀』では、出演者の発する重要な言葉について、いったん取材映像を止めた上で黒い画面に転換、ポーンという効果音とともにその言葉をディゾルブで白く浮き上がらせる手法を採っています。これにより、視聴者には強烈なメッセージとして伝わっていきます。

　さらに細かい点を指摘すれば、『プロフェッショナル』でも使われているように、できるだけ映像に文字をなじませるという趣旨から、スーパーにディゾルブを使うことを考えるのもひとつの手です。

フェードにそれほどの秒数をかける必要はありませんが、カットイン－カットアウトで、パッと出て、パッと消えるというのではなく、スッと出て、スッと消えるぐらいのディゾルブをスーパーにもかけると丁寧な作りになります。

逆に、カットイン－カットアウトを使って、インパクトあるいは切迫感を意識的に出そうという考え方もあると思います。

いずれにせよ、様々な手法を知っておいて、場面に応じて使い方を検討してみるという姿勢が大切です。

▶環境音を意識し、ナレーションを微調整

映像が一通り完成したら、最後に音入れとなります。ナレーションや効果音、BGMなどの音声を映像に合わせて重ねていく作業です（ただし、テレビニュースの制作現場では、時間的な制約から、最初にナレーションを入れて尺を決めてから、映像を合わせていくような作業もしています）。

日本ではmulti audioの頭文字を取って、MA（エムエー）とも言われます。ただこれは、イメージとしては理解できるのですが、あくまで和製英語です。

映像制作と言うと、意識が映像の方だけに行く人がいるかもしれませんが、実際には映像作品とは映像と音声が一体となったものであり、この工程では強くこの「音」を意識して、場合によっては映像の編集までさかのぼってやり直すといったことも考えましょう。

前章で触れたように、ナレーションも音声の重要な構成要素の一つと考え、ナレーション原稿を書く段階から、誰がどのような語り口で原稿を読むのか、音としてのイメージを持ちながら、原稿を書くことが大切です。

また、「この音楽をここで使う」ということが事前（とくに撮影前）にわかっていたら、カメラマンにそのことを伝え、音を意識した撮影をしてもらうということを考えてもいいでしょう。

実際にナレーションを入れる段階になったら、映像に付随した環境音とのバランスに気をつけましょう。
　テレビ局では、「音終わり×秒後」などと言いながら、ディレクターと編集マンがナレーションを入れるタイミングを話し合いつつ編集しています。
　インタビューや環境音など映像に付随する音が終わった×秒後からナレーションをスタートする、といった意味です。
　テレビ番組の制作は時間が限られ、かつ分業で行われているので、ナレーションは映像編集と並行して吹き込まれることも少なくありません。
　しかし、時間的に余裕があるアマチュアの方ならば、映像の内容と長さがある程度決まってから、映像とナレーションの長さを微調整しつつ挿入のタイミングを考えて、仕上げていくといいでしょう。

▶右脳と左脳のバランスをとった自分流の作品作りを

　音の話が出てきたので、最後に一言付け加えます。
　映像制作と言うと、どうしても映像先行で、音の話は後回しになってしまう傾向があることについて触れたばかりですが、かくいう本書の説明もそういったところがあります。
　しかし、音主導で制作するという手法もあります。
　代表的なのが、ミュージックビデオ、いわゆるMVです。
　これは、最初に楽曲ありきで、それに合わせて映像を作っていくことになります。内容はもちろん、カットの長さなども曲に合わせていくことになります。
　またユーチューブ上では、「××を踊ってみた」という形式で、特定の曲に合わせて一般の方がダンスする映像をよく見かけます。これなどもある種のMVと言えるでしょう（ただし、一般の方のネット上での楽曲使用については、著作権上の問題が発生するので、要注意です。〈P.146-147 Topic 参照〉）。

著作権者側が
楽曲のネット上での一般利用を許諾するケースも

　2016年10月から3ヶ月間、全国のTBS系列局で放送されたドラマ『逃げるは恥だが役に立つ』のエンディングでは、主演のひとり、星野源さんが歌う「恋」に合わせて、もうひとりの主演である新垣結衣さんはじめ共演者たちが踊る映像が流れ、"恋ダンス"と呼ばれて話題となりました。
　放送開始直後からYouTube上では、「恋ダンスを踊ってみた」といった一般の方制作の動画が数多く公開されたのですが、これに対し、星野源さんの所属レーベルであるSPEEDSTAR RECORDSは、YouTube上での楽曲使用を許可する以下の発表を行いました。

> **星野源「恋」に合わせて踊る"恋ダンス"動画に関しまして。**
>
> 　いつも星野源を応援いただき、ありがとうございます。
> 　星野源の新曲「恋」に合わせて踊る"恋ダンス"について、「"恋ダンス"をYouTubeに公開したいのですが、楽曲使用について問題はないでしょうか？」というようなお問い合わせをたくさんのお客様よりいただいております。
> 　すでに多くの皆様が"恋ダンス"を楽しんでいらっしゃる現状を考慮のうえ、CDや配信で購入いただいた音源を使用し、ドラマエンディングと同様の90秒程度の"恋ダンス"動画をドラマ放送期間中にYouTubeに公開することに対し、弊社から動画削除の手続きをすることはございません。

> 但し、この音源を使った動画を営利目的に利用する等、その利用方法が不適切であると判断したものに関しては、予告なく削除手続きを行う可能性もございますので予めご了承ください。
> 皆さま個人個人がルールを守って、楽しんでいただければと思います。
> 引き続き星野源の応援をよろしくお願いいたします。

　このような場合は、示されたルールに基づく限り、楽曲の利用は問題ないということになります。
　今後も、話題となった楽曲については、このような特別措置が取られる可能性が出てきました。確認してみるといいでしょう。

　MVはわかりやすい例ですが、実はプロの世界では、通常のニュースやドキュメンタリー作品も、最初にこの楽曲で映像を作ると決めて、撮影から編集へと進めていき、最後の最後でその楽曲をはずして公開する、ということをするディレクターもいます。
　こうすることで、作品のテンポを取っているんですね。
　また、表現的な広がりと言うことでは、すでにある詩に合わせて映像を作るといったことも考えられます。MVでも詩の部分を重視して作った場合は、同じことですね。
　このように映像制作と一口に言っても、様々な表現スタイルがあります。
　必ずしも、はじめから終わりまで理詰めで考えていく必要はないと思いますが（むしろ感性の赴くままに作っていった方がいいものも多いはずです）、部分、部分の細かな制作テクニックについては、

できるだけ多くの手法を知っておいて、それを自分の作品作りに最適な形で採り入れていくのがいいと思います。

　本書は、どちらかと言えば、左脳的。理詰め、理詰めで話を進めてきたところがあります。それを十分に知った上で、今度は右脳の部分、感性とのバランスを皆さん自身でうまく取って、すばらしい映像作品を制作してほしいと思います。

この節のPoint

★スーパーは不必要に入れない

・様々な手法を知っておいて、状況に応じた使い方を考える
・テレビのスーパー過多は視聴率競争の結果
・スーパー過多の時代だからこそ、入れるべきスーパーを考える

★MAではとくに音を意識した編集を心がける

・環境音に注意しつつ、ナレーションの入れ方を微調整
・音主導の制作スタイルもある（MVなど）

用語集 (五十音順)

[ア行]

【アングル】
カメラと被写体との角度のことを指す。構図を決める3大要素のひとつ。水平位置を基準としてカメラの位置が被写体に比べて高いか低いかで区別する。ハイアングル、水平アングル、ローアングルの3つがある。　　　　　　　　　　　　　　➡Part 5

【インサート】
前後の映像の間に、別のちょっとした映像を入れ（ただし、音声のみはインタビューの声などをそのままつなげる）、違和感のある映像素材を直接つなげずになじませる編集上の工夫。ブリッジとも言う。　　　　　　　　　　　　　　　　　　　　　➡Part 5

【インサートカット】
ひとつの映像素材を長く使うと、作品が単調になる。そうはならないよう、途中に別の映像素材を入れる編集上の工夫。本編の流れと関連した映像を数秒入れ込む。　　　　　　　　➡Part 7

【MA】(えむえー)
ナレーションや効果音、BGMなどの音声を映像に合わせて重ねていく作業を指す。和製英語である「multi audio」の頭文字を取って名付けられた。　　　　　　　　　　　　　　➡Part 7

【(音) オフ／オフレベル】
(音) オン／音UPに対して、それほど音を際だたせる必要がなく、

149

ナレーションをかぶせてもいいコメント部分を指す。「BG レベル」とも言う。BGM、すなわちバックグラウンドミュージックのように、控えめのボリュームでいいという意味。　　　　　→Part 6

【(音) オン／音 UP】
インタビュー中、重要な意味を持つコメント部分を指す。映像に付随する音をそのまま流す（場合によってはボリュームを上げる）カットという意味で、視聴者に意識して聴いてもらいたい部分を強調すること。「オン」、「音オン」、「音 UP」などと言う。　　→Part 6

[カ行]

【カット】
映像の単位。ひとつひとつの映像素材。　　　　　→Part 6

【カール】
トランジションの一種で、映像をめくるようにして画面を転換する手法。ページピールとも言う。　　　　　→Part 7

【企画書の基本 3 要素】
企画書の様式に規定はないが、ある程度の共通項はある。タイトル、企画意図、内容の 3 項目は基本と言える。　　　　　→Part 2

【クレーン】
その名の通り、クレーンを使って高低差のある動きを手ブレなくスムースに撮影する手法。最近増えている遠隔操作のできる無人ヘリコプター、ドローンによる撮影もこれに相当する。　　→Part 5

【クロスディゾルブ】
ディゾルブの一種で、前後の映像を少しオーバーラップして見せ

る手法。前後の映像につながりを持たせる効果がある。オーバーラップさせることから、オーバー（over）とラップ（lap）の頭文字をとって「オーエルする」とも現場では言われている。
　　　　　　　　　　　　　　　　　　　　　　　　→Part 7

【構図】

被写体をどこからどう撮って、画面上、どう配置するかということ。主にサイズ、アングル、ポジションの3要素により決まる。順番としては、①ポジション→②アングル→③サイズの順で決めていくのがよい。
　　　　　　　　　　　　　　　　　　　　　　　　→Part 5

【構成表】

映像制作の全工程にわたり、作品作りの鍵になる設計図。最初の段階では「取材／撮影計画書」のようなもの（本書ではこれを粗構成と呼んでいる）だが、編集に入る前には、どのタイミングで、どの映像をどれくらいの長さ使い、どのようなナレーションを入れていくかまで詳細に記入した作品の詳細設計図となる（同様に本書では本構成と呼んでいる）。
　　　　　　　　　　　　　　　　　　　　　　　→Part 1, 4, 6

[サ行]

【サイズ】

メインとなる被写体が画面内でどれくらいの大きさになっているかを意味する。構図を決める3大要素のひとつ。

被写体が風景や建物なら、大まかに言って、ロングショット、ミディアムショット、アップショットの3つがある。

被写体が人物なら、フルショット、フルフィギア、ニーショット、ウエストショット、バストショット、アップの6種類に大別される。
　　　　　　　　　　　　　　　　　　　　　　　　→Part 5

【シークエンス】
映像の単位。シーンをまとめてさらに大きな意味を持たせたかたまり。　　　　　　　　　　　　　　　　　　　　　→Part 6

【シーン】
映像の単位。カットをまとめて意味のある流れにしたもの
　　　　　　　　　　　　　　　　　　　　　　　　→Part 6

【スーパー（を入れる）】
画面に発言者の肩書きやコメントの要約文など説明用の文字を入れること。英語の「superimpose」（重ねる）の略。もともとは映画の世界で、元になる映像フィルムと文字だけの字幕フィルムを重ねる作業のことを指していた。
　テロップとも同異義語だが、語源的にみると、スーパーは映画業界、テロップはテレビ業界で主に使われてきた経緯がある。現在では、デジタル化による作業自体の変質もあって、とくに区別されずに使われるようになってきたが、本書では、もともとの意味合いから、スーパー（を入れる）を主に使っている。　※「テロップ」参照
　　　　　　　　　　　　　　　　　　　　　　　　→Part 7

【スプリットタイム】
一般的に、スプリットタイムとは最初からの合計時間を指す。とくにラッシュ表におけるスプリットタイムとはビデオテープ（ディスク）の最初からの時間を指す。　　　　　　　　　　→Part 6

【ズーム】
カメラ自体を動かすのではなく、ズームレンズを使って撮影する手法。被写体に迫っていくのが「ズーム－イン」、被写体から徐々に引いていくのが「ズーム－アウト」として区別している。
　　　　　　　　　　　　　　　　　　　　　　　　→Part 5

【スライド】
トランジションの一種で、映像を横にスライドさせるようにして画面を転換する手法。　　　　　　　　　　　　　　➡Part 7

[タ行]

【ディゾルブ】
トランジションの中でも、代表的な手法。英語の「dissolve」からきており、元来は「溶ける」、「溶解する」という意味。映像の世界では、前の画面が薄れる（フェードアウト）ところに、次の画面が徐々に見えてくる（フェードイン）画面転換の手法を指す。俗に「ディゾる」などと言われる。　　　　　　　　　➡Part 7

【ティルト】
水平方向のパンに対し、垂直方向に動かしながら撮影すること。「ティルトーアップ」「ティルトーダウン」などと呼んでいる。とくに、足元から顔へと上方向に動かしながら撮るティルトーアップは人物を紹介する際によく使われ、その人物の登場に際して視聴者の期待をあおる効果がある。　　※「パン」参照　　➡Part 5

【ディレクター】
映像制作の中核となり、カメラマンをはじめとする専門スタッフをひとつにまとめ、作品の品質やスケジュールといった工程管理全般に責任を持つ役職。　　　　　　　　　　　　　　➡Part 1

【テロップ（を入れる）】
もともとはテレビジョン・オペーク・プロジェクター（Television Opaque Projector）というテレビの映像に文字や図などを重ねる特別な機械の名称の略だが、転じて、テレビの映像に字幕やロゴマー

クなどを入れる作業のことを指すようになった。　※「スーパー」参照
→Part 7

【トランジション】
　映像と映像をつなげる際、特別な工夫を施すこと。普通につなげれば、一瞬にしてパッと場面が切り替わることになる（カットイン―カットアウト）が、つなげ方にちょっと工夫をすることで、特別な効果、印象を与えることができる。
→Part 7

【ドリー（dolly）】
　英語の手押し車から来ている言葉で、カメラを台車に乗せて、台車を動かしながら撮影する方法を指す。台車に乗せず、手持ちで同様の動きをする場合でもドリーと呼ぶ。
→Part 5

［ナ行］

【なぞり】
　スーパーの入れ方の一種で、インタビュー映像中、発言そのものをなぞるようにしつこく入れる手法。あるバラエティ番組が導入したところ、高い視聴率を得たため、ほかが追随し、一般化したものと言われる。「フォロースーパー（する）」とも言う。
→Part 7

［ハ行］

【パン（Pan）】
　カメラを水平方向に動かしながら撮影する手法で、広々とした風景や横長の被写体を撮る際に用いられる。通常より横長に撮影されたパノラマ（Panorama）写真が語源とされる。　※「ティルト」参照
→Part 5

【BGレベル】
音UPに対して、それほど音を際だたせる必要がなく、ナレーションをかぶせてもいいカットについては「BGレベル」と呼ぶ。BGM、すなわちバックグラウンドミュージックのように、控えめのボリュームでいいという意味。「(音)オフ」、「オフレベル」とも言う。　　　　　　　　　　　　　　　　　　➡Part 6

【プロデューサー】
テレビや映画の世界で、ディレクターの上に立つ存在で、予算の確保や各種契約業務などビジネスを含めた番組制作全般の方向性に対して影響力を持つ。ただし、細かな制作業務はディレクターに任せ、通常はタッチしない。　　　　　　　　　　　➡Part 1

【フィックス】
カメラワークの基本で、カメラを固定して撮影する手法。これに対する応用として、カメラを動かしながら撮影する「パン」、「ドリー」、「クレーン」などがある。　　　　　　　　　➡Part 5

【物撮り】
インタビューの中で出てきた内容に関連する写真や物などをアップで撮影すること。インタビュー映像の途中で挟み込んだ編集をすると効果的になる。　　　　　　　　　　　　　　　➡Part 5

【ブリッジ】
前後の映像の間に、別のちょっとした映像を入れ(ただし、音声のみはインタビューの声などをそのままつなげる)、違和感のある映像素材を直接つなげずになじませる編集上の工夫。インサートとも言う。　　　　　　　　　　　　　　　　　　➡Part 7

【ページピール】
トランジションの一種で、映像をめくるようにして画面を転換する手法。カールとも言う。　　　　　　　　　　　　　　➡Part 7

【編集マン】
編集機材の扱いに長け、表現面からディレクターに助言、編集の実務を行う役職。　　　　　　　　　　　　　　　　➡Part 1, 7

【ポジション】
被写体との位置関係のことで、特定の呼び名はないが、前後左右どの位置から被写体を撮影するかを意味する。構図を決める3大要素のひとつ。　　　　　　　　　　　　　　　　　　　➡Part 5

[ラ行]

【ラッシュ】
撮りためた映像素材を編集前にチェックすること。プレビューとも言う。ラッシュをして、どこに何が記録されているか一覧表にしたもののことをラッシュ表と言い、どの部分の映像がどこで使えそうか品定めをする際に有用。　　　　　　　　　　　　➡Part 1, 6

【ラップタイム】
一般的に、ラップタイムとは、あるところからあるところまで限られた部分の時間を指す。とくにラッシュ表においては、カットごとの長さを指す。　　　　　　　　　　　　　　　　　　➡Part 7

【ロケハン】
英語の「Location hunting」（ロケーション・ハンティング）の略。映画やテレビドラマの世界でよく行われるが、ドキュメンタリーの分野でも行われる。　　　　　　　　　　　　　　　　➡Part 3

[ワ行]

【ワイプ】
　トランジションの一種で、画面の斜め方向などから、元の画面を次の画面が拭き取るように転換する手法。　　　　　　　→Part 7

執筆者紹介

[著者]

黒岩亜純（くろいわ・あずみ）
1968年、東京生まれ。1991年、慶應義塾大学法学部卒業後、TBS入社。長年、「筑紫哲也 NEWS23」の制作に携わり、ディレクター、デスクを務めたほか、大型の特別番組を多数プロデュース。政治部を経て、2011年「夢の扉＋」チーフプロデューサー。その後モスクワ支局長、「サンデーモーニング」プロデューサーを経て現在「news23」プロデューサー。一般の学生が映像制作のスキルを身に着ける場を提供する必要性を感じ、1998年「ドキュメンタリー制作会アズ」を立ち上げ、映像・メディアなどの分野に人材を輩出している。

宮 徹（みや・とおる）
1964年、東京生まれ。1988年、慶應義塾大学経済学部卒業。日経BP社で雑誌記者、編集プロデューサーとして勤務後、2000年に独立。経済アナリスト、歴史研究家（近世〜近代の日本経済史）。著書に『DREAMER──阪急・宝塚を創り、日本に夢の花を咲かせた男』(2014年)、『ファミリーヒストリー──家族史の調べ方』(2015年、いずれもWAVE出版刊)がある。独立後は本業とは別に、NPO活動の一環としてアニメーションを含む映像制作産業と深く関わり、その制作工程を客観的に捉えてテキスト化する取り組みを進めてきた。2019年逝去。

[編集協力]（所属は初版刊行時）

慶應義塾大学法学部政治学科大石裕研究室学生有志
江口英里　大﨑庸平　大山あずさ　貝塚遥花　木村瑛未
下萩千耀　武内陶子　萩 一輝

井上裕貴（大阪大学）

大学生のための動画制作入門
――言いたいことを映像で表現する技術

2017年4月28日　初版第1刷発行
2022年4月27日　初版第3刷発行

著　者──────黒岩亜純・宮　徹
発行者──────依田俊之
発行所──────慶應義塾大学出版会株式会社
　　　　　　　　〒108-8346　東京都港区三田2-19-30
　　　　　　　　TEL〔編集部〕03-3451-0931
　　　　　　　　　〔営業部〕03-3451-3584〈ご注文〉
　　　　　　　　　〔　〃　〕03-3451-6926
　　　　　　　　FAX〔営業部〕03-3451-3122
　　　　　　　　振替　00190-8-155497
　　　　　　　　https://www.keio-up.co.jp/

本文レイアウト・装丁─土屋　光
印刷・製本──────中央精版印刷株式会社
カバー印刷──────株式会社太平印刷社

© 2017 Azumi Kuroiwa, Tohru Miya
Printed in Japan　ISBN 978-4-7664-2428-7

慶應義塾大学出版会

批判する／批判される ジャーナリズム

大石裕 著

メディア政治がポピュリズムの流れを加速する民主主義社会において、ジャーナリズムは鋭い問題提起を行い続けることができるのだろうか？　自由で多様な言論の場としてのメディアとこれからのジャーナリズムのあるべき姿を探る。

四六判／並製／224頁
ISBN 978-4-7664-2397-6
定価 1,980円（本体 1,800円）
2017年1月刊行

◆主要目次◆
　はじめに
第1章　ニュースとニュースバリューを考える
第2章　戦後日本のジャーナリズムをたどる
第3章　戦後日本のテレビ政治
第4章　ジャーナリズム論から見た放送ジャーナリズム
第5章　「三・一一」震災報道の再検討
第6章　政局報道と政策報道──「菅政権批判」を中心に
第7章　「冷めた」ジャーナリズム論から見た「朝日誤報」問題
第8章　あるジャーナリストとの対話──多様な言論の必要性
第9章　言論の自由と言論の質──朴槿恵大統領の風聞記事
第10章　新聞ジャーナリズムはどのように変わるべきか
第11章　ジャーナリズム論への誘い──読書の手引き